www.tredition.de

AF178852

Elke Staehelin-Witt

Konflikte im Job

Der ultimative Leitfaden

www.tredition.de

© 2018 Dr. Elke Staehelin-Witt

Lektorat, Umschlag: Dr. Matthias Feldbaum, Augsburg
Umschlagabbildung: George Tsartsianidis/123rf.com

Verlag und Druck:
tredition GmbH, Halenreie 42, 22359 Hamburg

ISBN
Paperback: 978-3-7469-2321-5
E-Book: 978-3-7469-2323-9

Druck in Deutschland und weiteren Ländern

Bibliografische Information der Deutschen Nationalbibliothek: Die
Deutsche Nationalbibliothek verzeichnet diese Publikation in der Deut-
schen Nationalbibliografie; detaillierte bibliografische Daten sind im
Internet über http://dnb.d-nb.de abrufbar.

Die Hölle, das sind die andern.
Jean Paul Sartre (Geschlossene Gesellschaft, 1944)

Inhaltsverzeichnis

Einführung:
Die 5 Säulen guten Konfliktmanagements

Konflikte kosten Zeit, Nerven und Geld

Mögen Sie Konflikte? Betrachten Sie Konflikte in Ihrem beruflichen Alltag als Chance, ein Problem zu klären? Gehen Sie gelassen in ein konfliktbeladenes Gespräch und vertrauen Sie darauf, dass es Ihnen gelingen wird, ein gutes Ergebnis zu erzielen? Glückwunsch! Ihre Haltung macht Ihnen das Leben leicht und bewahrt Sie vor zermürbendem Stress. Vermutlich machen Sie viele Dinge, die in diesem Buch beschreiben werden, intuitiv richtig.

Oder gibt es in Ihrer Abteilung immer wieder Ärger mit einem Kollegen? Entstehen immer wieder Spannungen zwischen Ihnen und Ihrer Vorgesetzten? Lässt sich im Team keine Einigung finden und die Stimmung ist gereizt? Haben Sie Kunden, die Sie zur Verzweiflung treiben? Dann sind Sie nicht allein! Die Wirtschaftsprüfungsgesellschaft KPMG untersuchte im Jahr 2009 in Deutschland, wie es um Konflikte am Arbeitsplatz bestellt ist. Das Ergebnis: Wir könnten 10 bis 15 Prozent weniger arbeiten. Denn das ist im Durchschnitt die Arbeitszeit, die in einem Unternehmen für die Bewältigung von Konflikten verbraucht wird. Führungskräfte müssen sogar 30 bis 50 Prozent ihrer wöchentlichen Arbeitszeit direkten oder indirekten Reibungsverluste, Konflikten oder Konfliktfolgen widmen. Die Konflikte kosten den Einzelnen Zeit und Nerven und die Unternehmen ca. 30 Milliarden Euro im Jahr.[1]

Was den Konflikt von der Meinungsverschiedenheit unterscheidet

Nun ist ein Arbeitsplatz ja grundsätzlich keine Kuschelzone, sondern ein Ort, an dem viele Menschen aus ganz bestimmten Gründen aufeinandertreffen, sodass es logischerweise unterschiedliche Bedürfnisse, Interessen und Meinungen gibt. Der eine arbeitet gerne in einem kühlen Büro, die andere mag es lieber warm. Der Chef ist Frühaufsteher und würde seine Sitzungen am liebsten morgens um sechs abhalten, seine Mitarbeiterin ist eine „Eule" und vor zehn Uhr nicht zu gebrauchen. Der eine Geschäftspartner sieht laufend Chancen für eine Expansion in Schwellenländer, der andere strebt eine Konsolidierung in Europa an. Ein gemeinsames Sekretariat führt zu Auseinandersetzungen, weil alle der Ansicht sind, ihre Anliegen seien prioritär zu erledigen.

In der Arbeitswelt sind Interessens- und Meinungsverschiedenheiten somit Teil des Systems. Keine Organisation kommt ohne Gegensätze aus. Unterschiedliche Ansichten über Strategie und Implementation sind das Elixier eines Unternehmens, aus der Auseinandersetzung entstehen jene neuen Ideen, die ein Unternehmen vorwärtsbringen und wettbewerbsfähig halten. Ein Betrieb von Ja-Sagern kann morgen seine Koffer packen. Doch was unterscheidet produktive Auseinandersetzungen von unproduktiven Konflikten?

Die Beziehung ist entscheidend

Nicht jedes Problem ist gleich ein Konflikt. Wenn Sie mit einem Menschen eine vertrauensvolle Beziehung pflegen, können Sie davon ausgehen, dass Sie gemeinsam einen Weg finden, der allen Beteiligten gerecht wird. Auch unachtsame Bemerkungen werden Sie nicht treffen bzw. Sie können sie problemlos ansprechen, weil die Beziehung nicht darunter leidet.

Zeit- und nervenraubende Konflikte entstehen, wenn die emotionalen Bindungen ge- oder schlimmstenfalls zerstört sind. In diesem Fall bestehen nicht nur abweichende Meinungen oder Interessen, sondern es kommen zusätzlich Ihre eigenen Emotionen und die Ihres Gegenübers ins Spiel. Viele Menschen fühlen sich dann hilflos und in dem Konflikt gefangen. Sie entwickeln offene Aggressionen oder verfallen in depressive Zustände, je nachdem, wie sie unter unkontrolliertem Stress reagieren.

Konflikte haben ihre Ursache in einer gestörten Beziehung. Der Kern des Konfliktes liegt nicht in den unterschiedlichen Ansichten, Meinungen und Bedürfnissen, sondern in der Tatsache, dass die Beziehung zwischen den Beteiligten beeinträchtigt und das Vertrauen verloren gegangen ist.[2]

Nun, werden Sie jetzt hoffentlich sagen, so dramatisch ist es bei uns ja nicht. Aber die Beziehung kann auch in kleinen Dingen gestört sein. Vielleicht können Sie mit Ihrer Chefin oder Ihrem Mitarbeiter über die eine Sache problemlos reden und eine Lösung finden, während es bei anderen Themen wunde Punkte gibt, in denen die Beziehung nicht so reibungslos funktioniert.

Angenommen, Ihr Vorgesetzter bürdet Ihnen kurzfristig Mehrarbeit auf und Ihr geplanter Wochenendausflug leidet darunter. Haben Sie dann einen Konflikt? Das hängt von der Beziehung zu Ihrem Chef ab. Können Sie problemlos mit ihm darüber reden und eine Lösung suchen, die beiden Ansprüchen gerecht wird? Wissen Sie, dass Ihr Vorgesetzter sehr bemüht ist, Ihre Bedürfnisse zu berücksichtigen und müssen Sie auch keine Angst haben, als illoyaler Mitarbeiter oder illoyale Mitarbeiterin dazustehen, wenn Sie Ihren Konflikt thematisieren? Dann haben Sie zwar unterschiedliche Interessen, die es zu lösen gilt, aber die Beziehung ist von gegenseitigem Vertrauen und Respekt geprägt. Oder neigt Ihr Chef dazu, laut und kategorisch zu werden, wenn seine Anliegen nicht rasch in die Tat umgesetzt werden und Sie nehmen die Arbeit deshalb zähneknirschend an?

Konflikte lösen ist Handwerkszeug
Die Mehrheit der Menschen – wie auch ich selbst – mag Konflikte nicht besonders. Konflikte sind oft schwierig und komplex. Es gibt Konflikte zwischen Kolleginnen und Kollegen, mit den Vorgesetzten, im Team, und es gibt Konflikte über strategische Fragen, über die inhaltlich und fristgerechte Erledigung von Aufgaben bis hin zur Benutzung der Kaf-

feemaschine (am Abend schon wieder nicht ausgeschaltet!). Es akkumulieren sich Themen und Ereignisse, und häufig sind mehr als zwei Menschen direkt oder indirekt beteiligt. Konflikte bedrohen den Status quo und rufen Verlustängste hervor, sie haben die Tendenz, leicht aus dem Ruder zu laufen, und weil Konflikte oft erst eine Zeit lang schwelen, bevor es zur Auseinandersetzung kommt, ist in dem anschließenden Wirrwarr häufig nicht mehr klar, worum es wirklich geht und was die Konfliktparteien genau wollen.

Wie oft ist Ihnen nach einer Auseinandersetzung die vermeintlich alles entscheidende Antwort Stunden später unter der Dusche/beim Einkaufen/beim Sport eingefallen? Und Sie haben sich über sich selber geärgert, dass Sie nicht schlagfertig genug waren? Viele Menschen denken, es sei eine Kunst, mit Konflikten umzugehen. Man müsse Tricks und Kniffe kennen, um den anderen dazu zu bringen, das zu tun, was man möchte und man müsse möglichst schlagfertig sein und die richtigen Antworten parat haben, um den Konflikt zu seinen eigenen Gunsten aufzulösen. Doch selbst wenn Sie im entscheidenden Moment schlagfertig gewesen wären, ist fraglich, ob Sie den Konflikt damit wirklich gelöst hätten. Denn ich behaupte, die Fähigkeit mit Konflikten umzugehen, basiert nicht auf der Kenntnis von Tricks und Kniffen, sondern ist ein Handwerkszeug, das man lernen kann und sollte.

In Konflikten können Sie – wie so oft im Leben – zwar nicht das Ergebnis selber direkt beeinflussen. Wie der Konflikt endet, liegt nur zum Teil in Ihrer Macht, denn Sie haben es mit Menschen zu tun und mit einer unberechenbaren Umwelt. Was Sie jedoch beeinflussen können, ist der Prozess, also die Art und Weise, wie Sie mit Konflikten umgehen. Lernen Sie deshalb das Vorgehen Schritt für Schritt und vertrauen Sie darauf, dass Sie so bestmöglich aus einer schwierigen Situation herausfinden werden.

Ein Führer durch den Konfliktdschungel

Aus meiner Arbeit als Coach weiß ich, dass sich Menschen in einem Konflikt oft emotional verlieren und den sprichwörtlichen Wald vor lauter Bäumen nicht mehr sehen. Sie können sich einen Konflikt wie einen Dschungel vorstellen. Ein Dschungel von Themen, Emotionen, Beziehungen und möglichen Lösungen. Sie benötigen klare Vorstellungen und emotionale Stärke, um sich nicht zu verlieren, und Sie müssen sich der Gefahren und Fallen bewusst sein, die auf dem Weg lauern. Dieses Buch soll Ihnen als Führer dienen, um auf dem Weg zu bleiben. Der Weg ist vielleicht nicht immer ein problemlos zu beschreitender Pfad. Wie im Dschungel werden sich Ihnen Äste und manchmal ganze Baumstämme in den Weg legen. Ab und an wird Ihnen das Dickicht sogar komplett die Sicht auf den Weg versperren. Manchmal werden Sie stolpern, und unvorhergesehene Situationen und Herausforderungen werden Sie emotional aufschrecken. Manchmal werden Sie auch feststellen, dass Sie vom Weg abgekommen sind. Anstatt dann orientierungslos durch den Konfliktdschungel zu irren, haben Sie jedoch den Kompass, um immer wieder auf Ihren Weg zurückzufinden. Zudem werden Sie erkennen, wann Sie nicht mehr weiterkommen und es keinen Sinn mehr macht, es noch weiter zu versuchen, und Sie auf Plan B zurückgreifen sollten.

Die Fünf Säulen guter Konfliktlösung

Das vorliegende Buch zeigt Ihnen, gestützt auf die wichtigsten Erkenntnisse der Verhaltensforschung, der Neurobiologie, der Konflikt- und Verhandlungsforschung und der Kommunikationsforschung Schritt für Schritt auf, wie Sie sich in einem Konflikt verhalten sollten. Eine gute Konfliktlösung ruht auf 5 Säulen:

1. Konflikte verstehen: Konflikte haben mit Menschen zu tun, mit Ihnen und den anderen. Sie erfahren, worin wir Menschen uns unterscheiden, wie wir Dinge sehen, woraus Konflikte entstehen und was sie für uns bedeuten und wie uns Emotionen steuern.

2. Reagieren und analysieren: Unsere spontane Reaktion ist in einem Konflikt nicht unbedingt die beste. Sie erfahren, wie Sie in emotional belastenden Situationen richtig reagieren und durch eine saubere Analyse den Überblick behalten.

3. Strategien entwickeln: Bevor Sie den Konflikt lösen können, müssen Sie sich im Klaren sein, was Sie genau möchten. Zudem sollten Sie überlegen, welche Alternativen Sie haben, wenn Sie den Konflikt nicht lösen können, was dem Gegenüber wichtig sein könnte und wie fordernd Sie auftreten können und sollten.

4. Richtig kommunizieren: Eine falsche Kommunikation kann viel Geschirr zerschlagen. Sie erfahren, worauf Sie im Dialog mit anderen Menschen achten müssen, wie Sie richtig fragen und Ihre Anliegen anbringen, und wie Sie in schwierigen Situationen angemessen reagieren.

5. Loslassen: Nicht jeder Konflikt kann gelöst werden. Sie erfahren, wann und warum ein Konflikt unlösbar ist und wie Sie mit dieser Situation ins Reine kommen können.

Die Beispiele in diesem Buch behandeln Konflikte, die Menschen entweder auf ihrer eigenen Hierarchiestufe oder mit Vorgesetzten haben. Aber auch Führungskräfte sollten sich an den 5 Säulen des guten Konfliktmanagements orientieren, um Konflikte zu lösen. Das Buch ist systematisch aufgebaut, gleichzeitig bildet jedes Kapitel eine abgeschlossene Einheit. Wo Vorkenntnisse erforderlich sind, wird auf die Ausführungen in dem betreffenden Kapitel verwiesen. Sie können das Buch deshalb von vorne nach hinten lesen oder sich jene Kapitel heraussuchen, die Sie im Moment am meisten interessieren. Bedienen Sie sich wie in einem Baukasten und stellen Sie sich jene Informationen zusammen, die für Sie persönlich am wichtigsten sind. Am Anfang jeden Kapitels finden Sie die wichtigsten Punkte in der Übersicht. Am

Ende des Buches sind alle Punkte zum Vorgehen in Konflikten noch einmal in einem Leitfaden zusammengestellt, den Sie in einer Konfliktsituation heranziehen können.

I. Konflikte verstehen

Benjamin Franklin war ein weiser Mann. Er erfand nicht nur den Blitzableiter und war einer der Gründungsväter der Vereinigten Staaten, sondern gab seinen Mitmenschen schon vor 250 Jahren die Erkenntnis auf den Weg: „Es gibt drei Dinge, die extrem hart sind: Stahl, ein Diamant, und sich selbst kennen". Sein Ratschlag war: „Beobachte alle Menschen, insbesondere Dich selbst."[3]

Viele Menschen gehen davon aus, dass die anderen in etwa so funktionieren wie sie selbst. Menschen sind jedoch unterschiedlicher als wir meinen. Sie nehmen die Welt unterschiedlich wahr, bewerten die Dinge unterschiedlich und greifen auf unterschiedliche Erfahrungen zurück. Jeder und Jede lebt also gewissermaßen in der eigenen Realität. Aus der Unterschiedlichkeit heraus entstehen Konflikte, und die Unterschiedlichkeit erschwert es, Konflikte sachlich und zielgerichtet zu lösen.

Um einen Konflikt zu lösen (und unnötige Konflikte zu vermeiden), sollten Sie deshalb verstehen:

- wie Sie und andere Menschen die Welt wahrnehmen und Situationen bewerten,
- dass wir alle in verschiedenen Realitäten leben,
- dass Konflikte oft tieferliegenden Bedürfnissen entspringen,
- dass Menschen Konflikte als Bedrohung betrachten,
- wie Menschen auf Bedrohungen reagieren und
- dass Menschen mit Konflikten unterschiedlich umgehen.

1. Unsere Version des Konflikts ist nicht der Konflikt

Das Wichtigste in Kürze:

- Menschen bilden sich ihre Wirklichkeit aufgrund subjektiver Erfahrungen und Urteile. Diese „subjektive" Wirklichkeit halten sie zugleich für objektiv und „wahr". Sie bestimmt das Handeln.
- In einem Konflikt sollten Sie sich bewusst sein, dass Sie unter Umständen wichtige Dinge nicht wahrnehmen oder bewusst ausblenden.
- Ein Konflikt kann allein dadurch entstehen, dass Menschen etwas in eine Situation hineininterpretieren, was aus Sicht der anderen Seite überhaupt nicht so gemeint oder beabsichtigt war.
- Konflikte können sich aufschaukeln, weil beide Seiten der Meinung sind, dass die Ursache des Konflikts beim anderen zu suchen ist.

Wir leben alle in unserer eigenen Welt

Es gibt objektive Kriterien in unserer Welt, wie Tag und Nacht, Sauerstoff und Wasser, oder die Schwerkraft, wenn das teure Kristallglas im Zeitlupentempo auf den Boden fällt. Diese Dinge sind von allen gleich beobachtbar, und wenige werden behaupten, das Wasser fließe bergauf. Aber angenommen Sie werden Zeugin eines Verkehrsunfalls. Sie haben es ganz genau gesehen, der Mercedes hat dem anderen die Vorfahrt genommen, und dann war da noch diese Frau ... Neben Ihnen stehen vier weitere Zeugen. Jeder und jede hat den Verkehrsunfall gesehen, aber einen anderen.

Oder ein anderes Beispiel: Sie haben den Auftrag, etwas zu organisieren. Zu diesem Zweck versenden Sie an sieben Beteiligte eine Mail, in der Sie glasklar festhalten, wer was, wann, wo zu tun hat. Kaum haben Sie die Mail verschickt, ruft schon der Erste an. Wie das denn jetzt genau mit der Aufteilung der Arbeit sei ... Sie sind genervt. Ignorant. Zu faul, eine Mail genau durchzulesen! Stimmt vielleicht. Vielleicht aber auch nicht. Denn da ist noch etwas anderes.

Warum haben vier Menschen vier verschiedene Verkehrsunfälle gesehen, wenn doch einfach der eine in den anderen reingefahren ist?
Und warum lesen trotz gleichen Inhalts sieben Menschen eine unterschiedliche Mail? Vielleicht kennen Sie den Film „Matrix". Maschinen
haben die Oberhand über die Menschen gewonnen und halten diese in
einer computergesteuerten Scheinwelt, der Matrix, gefangen. Neo, ein
junger Hacker, erfährt, dass die Welt, in der er zu leben glaubt, gar
nicht besteht, sondern eine durch Computer simulierte Fiktion ist.

Wir leben zwar (hoffentlich) nicht in einer Science-Fiction-Welt.
Aber wir leben, wie Neo, in unserer eigenen realen Welt. Die Betonung
liegt hier auf unserer. Unsere Welt, so wie wir sie wahrnehmen, ist keine objektive Tatsache, sondern zu weiten Teilen ein persönliches Kons-
trukt, geprägt durch Erfahrungen, Persönlichkeit sowie verinnerlichte
und ureigene Werte und Ziele. In dieser konstruktivistischen Sicht gibt
es kein Richtig und kein Falsch, sondern nur ein „Anders". So wie
Menschen die Welt sehen und danach handeln, macht es in diesem
Moment für sie Sinn. In einem Konflikt stoßen daher gewissermaßen
„zwei Wirklichkeiten" aufeinander. Und jeder und jede meint in der
eigenen Wirklichkeit die Sache richtig zu sehen und somit „im Recht"
zu sein:

*Kollege A denkt: „Ich setze mich sehr für das Team ein und arbeite
dafür gerne mal die Mittagspause durch". Kollege B. sieht das anders und
sagt zu einem Freund: „Die Fertiggerichte, die A. immer anschleppt, ver-
pesten das ganze Büro. Warum kann er nicht wie die anderen in die
Kantine gehen, der Streber."*

*Kollegin C. ist sehr darauf bedacht, die anderen nicht zu stören und
geht für ihre Telefonate immer nach draußen. Kollege D. bekommt langsam die Krise: „Sie rennt für alles und jedes nach draußen. Das ständige
Hin und Her macht mich noch verrückt".*

*Kollege E. beklagt sich bei einem Bier über seinen Vorgesetzten: „Mein
Chef hat einfach zu unklare Vorgaben. Ich muss ständig nachfragen."*

Der Vorgesetzte sieht die Sache anders: „Der E. sollte mehr nachdenken und nicht wegen jeder Kleinigkeit zu mir kommen".

Die Interpretation der Dinge prägt unsere Wirklichkeit

Wir nehmen die Welt also nicht nur unterschiedlich wahr, sondern interpretieren erlebte Situationen auch unterschiedlich. Die Beschreibungen, die wir den Dingen geben, halten wir für real. Ein weiteres Beispiel:

Es ist Montagmorgen, die Woche hat noch nicht richtig angefangen, und schon geht es los. Ihre Kollegin Susi kommt außer sich zu Ihnen und muss sich erst einmal Luft verschaffen. Frau Merz, die Chefin, hat eine vage Bemerkung über den Fortschritt des Projektes gemacht, in das Sie beide involviert sind: „Wie hat sie das wohl gemeint?", hyperventiliert Susi. „Ist sie mit meiner Leistung unzufrieden, mache ich zu wenig, hält sie mich für unzuverlässig? Mike stand übrigens daneben und hat es auch gehört." Oh je, denken Sie sich, das geht ja gut los. Sie beschließen, der Sache nachzugehen und fangen Mike am Kopierer ab: „Mike, wir haben ein Problem. Frau Merz kritisiert unser Projekt. Sie hat heute so eine Bemerkung gemacht. Du standst ja daneben...". Mike schaut Sie leicht begriffsstutzig an. „Bemerkung? Was für eine Bemerkung? Ach so. Na ja, die Merz hatte wohl einen schlechten Start. Ärger mit ihrem neuen Freund (blinzelt verschwörerisch), wenn du weißt, was ich meine. Wenn sie was stört, wird sie es uns schon sagen."

Probleme entstehen somit durch problemhafte Beschreibungen, Erklärungen und Bewertungen. Wenn ein Mitarbeiter sich den Besuch des Chefs als Kontrolle der eigenen Leistung erklärt, wird er damit ein Problem haben. Wenn der gleiche Mitarbeiter sich den Besuch damit erklärt, dass der Chef den Gedankenaustausch mit ihm schätzt, wird ihn das in seiner Arbeit motivieren. Es ist noch nicht geklärt, weshalb der Chef ins Büro kommt. Aber die Interpretation der Situation wird bereits bestimmen, wie sich der Mitarbeitende seinem Chef gegenüber verhalten wird.[4]

Vielleicht können Sie sich auch an eine Situation erinnern, in der Sie sich in etwas hineingesteigert haben. Wir sind subjektive Wesen mit individuellen Genen und Erfahrungen, daher ist es nur logisch, dass auch die Wirklichkeit, die wir erfahren, eine weitgehend subjektive ist. Dabei basiert unsere Wirklichkeit auf einer Abfolge von Ereignissen, wobei wir auf bestimmte Ereignisse besonderen Wert legen und diese als Ursache und Anlass für weitere Ereignisse betrachten. Die Dinge beeinflussen sich gegenseitig, und jeder steigt an einer anderen Stelle ein.

Lisa K. hat das Gespräch mit Thomas M., in dem es um seine Leistung im letzten Projekt geht, immer wieder hinausgezögert. M. gibt in ihren Augen zu schnell nach, wenn Probleme auftauchen, und kann keine klaren analytischen Entscheidungen treffen. Sie weiß, dass das Treffen schwierig und langwierig werden wird und sieht diesem mit Unbehagen entgegen.

Genauso geht es Thomas M. Er empfindet Lisa K. als ungeduldig und schwierig. Sie schneidet ihm das Wort ab, bevor er etwas ausführlicher erklären kann. Er fühlt sich in ihrer Gegenwart herabgesetzt und unbehaglich. Thomas M. wünscht sich, Lisa K. würde ihm genau erklären, was sie möchte und was nicht.

Das Gespräch verläuft nicht gut. Thomas M. fängt nach Meinung von Lisa K. bei Adam und Eva an, erzählt irgendwas vom Team und kommt nicht auf den Punkt. Je frustrierter K. wird, desto schneller und lauter redet sie und unterbricht M. Je gestresster M. dadurch wird, desto leiser wird er und verschließt sich. Lisa K. findet Thomas M. schwach und argumentiert noch mehr. Dies schüchtert Thomas M. zusätzlich ein, und er zieht sich immer mehr zurück.

Beide sehen die Ursache für das Problem im Verhalten des andern. Dabei beeinflussen sie sich gegenseitig, weshalb jede Seite ihren Anteil an dem Problem hat.

Wir sehen nicht das Offensichtliche

Schließlich interpretieren wir die Dinge nicht nur unterschiedlich, sondern es entgehen uns wesentliche Informationen rundherum, wenn wir uns stark auf eine Sache konzentrieren bzw. auf diese fokussiert sind. Wir bekommen den berühmten Tunnelblick und sehen nichts mehr links und rechts[5], da unser Gehirn nur eine begrenzte Menge an Informationen verarbeiten kann. Was passiert, wenn wir uns stark auf eine Sache fokussieren, zeigt das sogenannte „Gorillaexperiment". Eine Gruppe sah in einem Video ein Team von sechs Spielern, drei im weißen und drei im schwarzen T-Shirt, die mit einem orangen Ball spielten. Die Aufgabe bestand darin, die Anzahl Ballwechsel zu zählen oder, in der schwierigeren Version, die Anzahl geworfener und gedribbelter Bälle separat. Mitten im Film läuft eine Frau in einem Gorillakostüm von links nach rechts durch die Gruppe, welche ihre Aktivität unbeirrbar fortsetzt.[6]

Hätten Sie den Gorilla gesehen? Ja natürlich, werden Sie wahrscheinlich sagen, ein Gorilla ist ja kaum zu übersehen. Nun, ungefähr der Hälfte der Teilnehmenden war nichts Ungewöhnliches aufgefallen. Im Übrigen habe ich den Gorilla ebenfalls nicht bemerkt, als ich den Film das erste Mal sah. So wie im Gorillaexperiment ergeht es uns auch in Konflikten. Wir sind so auf jene Aspekte des Konflikts fokussiert, die uns selber betreffen oder berühren, dass uns wichtige Informationen links und rechts entgehen können.

Ein Konflikt ist somit subjektiv

Die Tatsache, dass wir nur begrenzt Informationen verarbeiten können und diese Informationen individuell bewerten, hat für die Entstehung und Lösung von Konflikten zwei Konsequenzen: Was Sie als Problem und seine Ursachen erkennen und insbesondere, welche Möglichkeiten Sie zur Lösung des Konflikts sehen, muss nicht das ganze Bild sein. Speziell unter Stress neigen Menschen dazu, nur noch einen Ausschnitt zu sehen. Und dieser Ausschnitt wird aufgrund der individuellen Veranlagungen und Erfahrungen unterschiedlich interpretiert. Vielleicht deckt sich diese Interpretation mit der Version Ihres Gegenübers, wahrscheinlicher ist jedoch, dass es sich um zwei verschiedene Geschichten handelt. Keine dieser Versionen ist objektiv richtig oder falsch, sondern anders. Deshalb fängt die Lösung eines Konfliktes damit an, die eigene Version des Konflikts als eine Version von mehreren zu erkennen, und zu akzeptieren, dass es auch noch andere Versionen gibt. Die Lösung liegt nicht darin, an der eigenen Version als der einzig richtigen festzuhalten, sondern beide Versionen zu verstehen und daraus Gemeinsamkeiten herauszuschälen, mit denen beide in ihrer eigenen Version leben können.

Reflexion
Wenn Sie das nächste Mal eine Bemerkung ärgert, versuchen Sie das Gesagte erst wertfrei zu sehen. Wenn Ihr Gegenüber z. B. sagt: „Ja glaubst du wirklich, dass das so funktioniert?", interpretieren Sie nicht gleich einen Vorwurf hinein, sondern überlegen Sie sich, ob Sie wirklich 100-prozentig von der Sache überzeugt sind. Dann fragen Sie nach, wie die Frage gemeint war.

2. Wenn verschiedene Persönlichkeiten aufeinandertreffen

Das Wichtigste in Kürze:

- Menschen nehmen die Welt unterschiedlich wahr und bewerten Dinge verschieden, sie gewinnen ihre Energie durch unterschiedliche Aktivitäten und organisieren ihre Arbeit und ihr Leben unterschiedlich. Wie sie dies tun, ist weitgehend vorgegeben.
- Die meisten Konflikte entstehen dadurch, dass Menschen Dinge verschieden wahrnehmen und das Wahrgenommene verschieden bewerten.
- Jeder Mensch hat eine sogenannte dominante und eine inferiore Ausprägung in seiner Persönlichkeit, also eine starke und eine schwache Seite. Wenn die dominante Seite eines Menschen auf die inferiore eines anderen Menschen trifft, entstehen rasch Konflikte und die Lösung von Konflikten wird erschwert.
- Grundsätzlich sollte man immer in Betracht ziehen, dass die anderen Menschen nicht unbedingt so funktionieren wie man selbst.
- Wenn man versteht, welches die eigenen Stärken und Schwächen sind, kann man Konflikte leichter vermeiden sowie schwierige Situationen in der Auseinandersetzung mit anderen besser verstehen und damit umgehen.

Menschen unterscheiden sich systematisch voneinander

Früher war ich der Meinung, dass Menschen im Prinzip ähnlich funktionieren wie ich. Oder genauer gesagt, ich habe mir darüber keine großen Gedanken gemacht. Natürlich sind wir nicht alle gleich, die einen sind ordentlich, die anderen nicht, die einen blühen in Gesellschaft auf, die andern ziehen sich lieber zurück, doch im Kern ging ich davon aus, dass Menschen in ähnlicher Art und Weise das aufnehmen, was um sie herum passiert und es ähnlich bewerten. Allerdings fiel mir schon damals auf, dass ich mich mit gewissen Menschen problemlos verstand, während mit anderen die Kommunikation immer wieder schwierig war, wir oft aneinander vorbeiredeten und aus dem fehlenden gegenseitigen Verstehen Konflikte entstanden.

Wahrscheinlich haben auch Sie Kolleginnen und Kollegen, Mitarbeitende oder Vorgesetzte, die penibel oder chaotisch sind, verschlossen oder redselig, die auf dem Detail herumreiten respektive ständig mit unausgegorenen Ideen kommen. Der Psychoanalytiker Carl Gustav Jung war der Erste, der diese Unterschiede in Menschen beobachtete, und er entwickelte daraus eine Typisierung von Persönlichkeiten.

Im Folgenden erhalten Sie einen kurzen Überblick über die Persönlichkeitstypologien. Sie sollen Ihren Blick und das Verständnis für sich selber sowie die Verschiedenartigkeit der Menschen schärfen. Die Ausführungen sind ein kurzer Einstieg in die Materie. Wenn Sie sich für eine ausführlichere Analyse Ihres Persönlichkeitstyps interessieren, empfehle ich Ihnen das Buchs von Reiner Blank und Richard Bents „Sich und andere verstehen"[7].

Vier Ausprägungen der Persönlichkeit

Im Prinzip macht unser Gehirn im wachen Zustand eine der beiden folgenden Dinge: Es nimmt Situationen und die damit verbundenen Informationen wahr, und es organisiert und bewertet diese Informationen und zieht daraus Schlüsse. Jung beobachtete, dass es zwei verschiedene Arten gibt, wie wir etwas wahrnehmen und es bewerten: Wir nehmen die Dinge über unsere Sinne oder über unsere Intuition wahr, und wir bewerten das Wahrgenommene entweder analytisch oder mithilfe unserer Werte. Des Weiteren beschrieb Jung, wie Menschen ihre Energie fokussieren: entweder nach außen oder eher nach innen. Katherine Myers und ihre Tochter Isabel Briggs ergänzten Jungs Idee um einen vierten Aspekt: Jeder Mensch bevorzugt es, Aufgaben und Herausforderungen in einer bestimmten Art und Weise anzugehen, entweder geordnet und geplant oder flexibel und spontan. Daraus entwickelten sie den Myers-Briggs-Typenindikator (MBTI). Der MBTI ist das weltweit am meisten eingesetzte Persönlichkeitsinventar und wird vor allem in Unternehmen und Organisationen benutzt, um z. B. die Zusammenarbeit von Teams zu verbessern. Bezeichnenderweise betrachteten Myers und Briggs die Anfänge ihrer Arbeit in den vierziger Jahren als Beitrag zum Frieden. Sie waren davon überzeugt, dass Kriege auch dadurch verursacht werden, dass viele Menschen unfähig sind, die Unterschiede menschlicher Persönlichkeit zu verstehen.

Tabelle 1 zeigt die vier unterschiedlichen Ausprägungen, aus denen sich in der Systematik des MBTI eine Persönlichkeit zusammensetzt.

Tabelle 1: Die vier Ausprägungen der Persönlichkeit[8]

Woher ich meine Energie beziehe:	
E-Typ: Extraversion	*I-Typ: Introversion*
bezieht seine Energie im Austausch mit anderen	bezieht seine Kraft aus inneren Ressourcen
ist redselig und leicht kennenzulernen	ist zurückhaltend und schwerer kennenzulernen
zeigt Gefühle	hält seine Gefühle zurück
handelt und überlegt dann	überlegt und handelt dann

Wie ich Informationen aufnehme und verarbeite:	
S-Typ: Sinneswahrnehmung	*N-Typ: Intuition*
bevorzugt das Praktische	stellt sich lieber Möglichkeiten vor
sieht Details	sieht Muster und Zusammenhänge
mag konkrete und messbare Dinge	mag das Kreative
geht Schritt für Schritt vor	fängt irgendwo an und überspringt Schritte

Worauf meine Entscheidungen basieren:

T-Typ: analytisch (Thinking)

mag Logik

sieht die Dinge sachlich von außen

legt Wert auf objektive Kriterien

findet Rationalität und Fairness
wichtig

F-Typ: werteorientiert (Feeling)

entscheidet mit dem Gefühl

sieht die Dinge mit innerer Anteilnahme

legt Wert auf Beziehungen

findet Wärme und Mitgefühl
wichtig

Mit welchen Aktivitäten ich der äußeren Welt begegne:

J-Typ: strukturorientiert

mag klare Abläufe und Routine

plant im Voraus, hält sich an
Termine

ist entschlussfreudig

fokussiert auf Ergebnisse

P-Typ: flexibel und spontan

mag Veränderung und Vielfalt

ist flexibel, schafft Dinge oft erst in
letzter Minute

ist offen für Überraschungen jeder Art

fokussiert auf den Prozess

Zu welcher Seite fühlen Sie sich in den vier Kategorien jeweils hingezogen? Häufig sagen Menschen, dass man doch nicht so schubladisieren kann. Und natürlich haben wir beide Seiten. Einem analytischen T-Typen sind auch Werte und Beziehungen wichtig. In seinen Entscheidungen verlässt er sich aber eher auf seine analytische Seite. Auch ein P-Typ strukturiert sein Leben, bleibt aber gerne flexibel, während der J-Typ nicht gerne vom einmal gewählten Weg abweicht. Ein E-Typ möchte durchaus auch in Ruhe arbeiten, während sich der I-Typ aufs Mittagessen mit einem guten Kollegen freut. Jeder Mensch hat jedoch eine Präferenz für das eine oder andere, was insbesondere in schwierigen Situationen zum Vorschein kommt.

Unterschiede können zu Konflikten führen

Die Kombination der vier Ausprägungen ergibt sechzehn verschiedene Persönlichkeitstypen. Sie sehen und beurteilen die Welt unterschiedlich, kommunizieren unterschiedlich und legen Wert auf verschiedene Dinge. Solange Menschen davon ausgehen, dass die eigene Sicht der Dinge die richtige und einzige ist, sind Konflikte vorprogrammiert.

Karl E. sitzt morgens Punkt 8 Uhr an seinem wohlgeordneten Schreibtisch. Er hat Probleme gerne klar definiert und achtet auf Einzelheiten und Fakten. Kaffeepausen und Gespräche zwischendurch findet er überflüssig. Seine Kollegin Brigitte F. kommt schon mal ein paar Minuten später, arbeitet lieber an mehreren Dingen gleichzeitig und findet eine gute Arbeitsatmosphäre wichtig. Die Routinearbeiten, in die sich Karl E. mit Hingabe vertiefen kann, findet sie geistestötend. Im Gegensatz zu ihm freut sie sich auf die Kaffeepause, weil sie sich dann mit den Kollegen aus der Nachbarabteilung austauschen kann. Das ist nun überhaupt nicht die Sache von Herrn E. Er kennt Geschichten, die belegen, dass durch Nachlässigkeit im Detail schon manch große Sache verdorben wurde. Vom „guten Geist" in der Nachbarabteilung hält er nicht viel, weil er dort einen gewissen Schlendrian vermutet (überzogene Kaffeepausen, nutzlose Gespräche während der Arbeit usw.). Brigitte F. spürt die Kritik von Herrn E., sie ärgert sich und die Arbeit macht ihr zusehends keinen Spaß mehr. Karl E. seinerseits kann sich nicht vorstellen, dass er mit seinem Drang, klare Strukturen zu schaffen, Ängste und Missmut bei Brigitte F. auslöst. Die Geschichte geht weiter. Die Konflikte bauen sich auf.

Karl E. ist von seinen Präferenzen wohl der introvertierte Typ, der gerne praktische Daten und Fakten Schritt für Schritt verarbeitet, sich auf seine Logik verlässt und seinen Arbeitstag durchplant. Er trifft auf Brigitte F. die ihre Energie aus dem Austausch mit anderen bezieht, gerne flexibel bleibt und ihre Arbeit spontan organisiert, immer mit einem offenen Ohr für andere Anliegen. Wir wissen nicht, welche Arbeit die beiden ausüben, vielleicht ist ja einer von beiden sogar am falschen Ort. Aber wir können mit Sicherheit sagen, dass die Konstellation sehr anfällig für Konflikte ist und viel gegenseitiges Verständnis benötigt, um eine gute Zusammenarbeit zu gewährleisteten.

Die dominanten Funktionen

Die in Tabelle 1 beschriebenen Ausprägungen „Wahrnehmung" und „Bewertung" bilden den Kern der bewussten Persönlichkeit. Jeder Mensch hat eine Neigung, wie er Dinge wahrnimmt: mit den fünf Sinnen (S) oder intuitiv (N) und eine Neigung, wie er seine Wahrnehmungen beurteilt und daraus die nötigen Schlüsse zieht: analytisch (T) oder werteorientiert (F). Eine dieser vier Funktionen ist bei jedem Menschen dominant.[9] Tabelle 2 zeigt, welche Funktion bei welchen Konstellationen dominant ist.

S-Typen glauben an das, was ihnen ihre fünf Sinne sagen. Sie möchten eine konkrete Beschreibung des Problems und eine Lösung, die funktioniert. Fakten sind für sie wichtiger als Möglichkeiten.

N-Typen sind eher der Typ des „abgehobenen Denkers". Ihre Ideen können auf andere nebulös und skizzenhaft wirken. N-Typen suchen Möglichkeiten, die Aussicht auf Wachstum und Verbesserung bieten. Fakten stehen für sie an zweiter Stelle.

T-Typen möchten eine Lösung, die Systematik hat. Sie fordern, dass etwas einen Anfang, eine logische Abfolge und ein Ende besitzt. Sie reagieren ungeduldig auf Wiederholungen und Ausschweifungen.

F-Typen möchten eine Lösung, die menschlich ist. Sie legen viel Wert auf Harmonie und interessieren sich vor allem für persönliche Inhalte. Sie fühlen sich angesprochen, wenn es um die Menschen geht.

Tabelle 2: Dominante und inferiore Aspekte der Persönlichkeit[10]

Persönlichkeitstypen		Dominante Funktion	Inferiore Funktion
INFJ	ENFP	Intuition	Sinneswahrnehmung
INTJ	ENTP		
ISFJ	ISTJ	Sinneswahrnehmung	Intuition
ESFP	ESTP		
ISTP	INTP	analytisch	werteorientiert
ESTJ	ENTJ		
ISFP	INFP	werteorientiert	analytisch
ESFJ	ENFJ		

Wenn die dominante auf die inferiore Funktion trifft

Tabelle 2 zeigt neben der dominanten auch die sogenannte inferiore Funktion der einzelnen Persönlichkeitstypen. Die inferiore Funktion ist nicht unsere Stärke. Konflikte können entstehen, wenn die dominante Seite eines Menschen gleichzeitig die inferiore des anderen ist. Detailorientierte Menschen (S) verstehen u. U. nicht, was ihnen ihr intuitiv gepolter Kollege (N) sagen möchte und haben den Eindruck, er rede unstrukturiertes Zeug. Dieser ärgert sich seinerseits, weil jede seiner Ideen gleich mit dem Hinweis auf die schwierige Umsetzung infrage gestellt wird. Die Analytiker in einem Team (T) haben Mühe mit einem Teamleiter, der Wert auf Beziehungen legt und alle in den Entscheid mit einbeziehen möchte (F). F-Typen wiederum erleben T-Typen als distanziert und herzlos.

Schwierige Konstellationen in Konflikten

Die unterschiedlichen Ausprägungen in der Persönlichkeit können nicht nur zu Missverständnissen und Konflikten führen, sondern - ist der Konflikt erst einmal ausgebrochen - auch eine Lösung erschweren. Zwei Paarungen haben sich als besonders konfliktträchtig herausgestellt. Dabei kommt die Funktion ins Spiel, wie Menschen Herausforderungen begegnen: Mögen sie klare Strukturen und rasche Ergebnisse (J) oder steht für sie der Prozess im Vordergrund (P).

Ein TJ-orientierter Mensch entscheidet analytisch (T) und zieht klare Strukturen (J) vor. Er möchte das Problem rasch und effizient lösen. Er orientiert sich an den Fakten und geht mit der Situation relativ emotionslos um. Die Lösung steht im Vordergrund und er ist froh, wenn die Sache vorbei ist.

Ein FP-orientierter Mensch stellt hingegen die Beziehungen (F) und den Prozess der Konfliktlösung (P) in den Vordergrund. Er möchte alle miteinbeziehen, hören und das Problem mit der nötigen Sensibilität lösen. Er ist froh, wenn der Konflikt einmal angesprochen ist, braucht aber keine sofortige Lösung. Wenn er auf einen TJ trifft, der eine rasche rationale Lösung anstrebt, ist er irritiert und findet dies zu direkt und wenig sensibel.[11]

Was bis anhin nicht angesprochen wurde, ist die erste Ausprägung, d. h. ob ein Mensch eher extrovertiert oder introvertiert ist. Auch die Neigung zur Extroversion oder Introversion äußert sich in Konflikten. Extrovertierte Menschen werden Konflikte eher ansprechen und sich auch Rat bei anderen holen, während introvertierte die Sache lieber mit sich selber ausmachen.[12]

Reflexion

Überlegen Sie anhand der Tabellen, welche Ausprägungen einer Persönlichkeit eher auf Sie zutreffen. Es gibt keine Wertung, das eine ist nicht besser als das andere, nur anders. Überlegen Sie sodann, mit welchen Menschen Sie die größten Schwierigkeiten haben und inwiefern dies durch Ihre unterschiedlichen Persönlichkeiten bedingt sein könnte.

3. Konflikte haben oft tiefere Ursachen

Das Wichtigste in Kürze:

* Menschen haben neben ihren elementaren Überlebensbedürfnissen emotionale Bedürfnisse wie Integrität, Anerkennung, Status, Gerechtigkeit.
* Das Bedürfnis nach „gerechter Behandlung" ist in der Arbeitswelt besonders schwierig zu erfüllen. Das Gefühl, ungerecht behandelt zu werden, ist eine häufige Quelle von Konflikten.
* Je nach Persönlichkeit und Vergangenheit hat jeder und jede gewisse „wunde Stellen". Oft ist in einem Konflikt die Verletzung emotionaler Bedürfnisse die eigentliche Ursache des Konflikts.
* Lernen Sie Ihre „wunden Punkte" kennen und achten Sie darauf, was Sie in einem Konflikt besonders verletzt und weshalb das so ist.

Konflikte wurzeln auf verschiedenen Ebenen

Abraham Maslow war der Erste, der in den Vierzigerjahren des vorigen Jahrhunderts die menschlichen Bedürfnisse beschrieb: physiologische Grundbedürfnisse (Nahrung, Wasser, ein schützendes Dach über dem Kopf), das Bedürfnis nach Sicherheit und Stabilität, das Bedürfnis nach sozialen Beziehungen und einem Platz in einer sozialen Gruppe, die Individualbedürfnisse (Stärke, Erfolg, Unabhängigkeit, Freiheit, Ansehen Prestige, Wertschätzung) sowie der Wunsch nach Selbstverwirklichung, was bedeutet, das zu werden, was einem anlagebedingt möglich ist. Dabei ging Maslow davon aus, dass diese Bedürfnisse hierarchisch angeordnet sind und der Mensch immer nach der nächst höheren Ebene strebt, sobald seine Bedürfnisse auf einer Ebene befriedigt sind.[13]

Konflikte können somit die Bedürfnisse eines Menschen auf ganz verschiedenen Ebenen betreffen. Es können elementare Dinge auf dem Spiel stehen, aber auch komplexere soziale Bedürfnisse wie jenes nach

Anerkennung, Bedeutung und Einbindung in eine soziale Gruppe. Auch der Verlust von Schutz und Sicherheit ist entscheidend. Manche Konflikte wurzeln in der obersten Ebene, dem Bedürfnis nach Selbstverwirklichung. So können Konflikte entstehen bzw. Menschen sich verletzt fühlen, wenn sie in einem Unternehmen nicht ihre eigenen Ideen umsetzen können oder sich in ihrer Autonomie beeinträchtigt fühlen.

Konflikte sind die Folge wunder Punkte
Konflikte haben zudem häufig tieferliegende Ursachen, die auf den ersten Blick gar nicht offensichtlich sind.[14] Manchmal reagieren Menschen auf eine Bemerkung unerwartet konfliktreich. Dann kann es sein, dass ein wunder Punkt getroffen wurde, der seine Ursache an ganz anderer Stelle hat.

Friedrich B. ist ein äußerst fähiger und intelligenter Mensch, der es im Laufe seiner Karriere bis zum Chef Finanzen (CFO) eines börsenkotierten Aktienunternehmens gebracht hat. Er ist sehr geschickt in finanziellen Dingen, hat gewissermaßen einen Riecher für ertragreiche Anlagen, und ist im Allgemeinen ein umgänglicher Mensch, der gut zuhören kann. Nur einen wunden Punkt hat er, an dem seine Mitarbeitenden immer wieder verzweifeln. Kritik muss immer äußerst schonend angebracht werden, weil er darauf mit eisiger Miene reagiert. Er nimmt die Kritik zwar entgegen und es ist inzwischen auch besser geworden, aber die Stimmung ist automatisch getrübt, wenn einer seiner Mitarbeitenden etwas kritisiert. Seine Mitarbeiterinnen und Mitarbeiter haben sich in eine gewisse Ratlosigkeit gefügt. Um schwierige Themen wird meist wie die Katze um den heißen Brei herumgeredet.

Was die Mitarbeitenden von Friedrich B. nicht wissen und sich gar nicht vorstellen können, wenn sie ihn so sehen: Herr B. hatte eine schwierige Jugend, in der er unter seinem erfolgreichen Vater, einem Arzt, litt. Dieser forderte mehr als er förderte und führte seine Familie in etwa wie das Chirurgenteam in seinem Spital, hierarchisch und mit eiserner Hand. Friedrich B. fühlte sich unzulänglich, und dieses Gefühl wurde er in seiner ganzen Karriere nicht mehr los. Trotz seiner hohen Position fällt er bei Kritik in gewissem Sinne in den Zustand des unsicheren und nicht wertgeschätzten Jugendlichen zurück.

Man kann sich die Historie von Friedrich B. wie einen Eisberg vorstellen. Was Sie von Ihren Kolleginnen und Kollegen, Vorgesetzten und Mitarbeitenden sehen und erfahren, ist nur der kleine Ausschnitt, der über Wasser sichtbar ist. Unsichtbar für die anderen, aber nicht minder relevant ist der ganze Block an Sozialisation, Erfahrungen, Wünschen und Ängsten, die jeder Mensch mit sich herumträgt. Es sind die sogenannten „wunden Punkte", in denen wir immer wieder getroffen werden. Das Wissen, welches die eigenen wunden Punkte sind, hilft, die eigenen Reaktionen in einem Konflikt besser einzuordnen. Manchmal ist der Konflikt nämlich nur deshalb entstanden, weil unser wunder Punkt oder jener unseres Gegenübers angesprochen wurden.

Unser Gerechtigkeitssinn

Ein ganz besonderes Bedürfnis, das im Berufsleben eine wichtige Rolle spielt, ist die faire Behandlung. In der Maslow'schen Bedürfnishierarchie ist Fairness ein Individualbedürfnis, das dem Wunsch nach Wertschätzung wie auch Erfolg entspringt. Das Gefühl, unfair behandelt und übergangen zu werden, ist in Unternehmen eine wesentliche Quelle von Konflikten.

Christina A. ist hoch qualifiziert, verantwortungsbewusst und äußerst engagiert. Aufgrund einer Reorganisation und der Zusammenlegung zweier Divisionen verliert sie ihre Position in der Geschäftsleitung, während ihrem Kollegen Kurt M. ein neuer Aufgabenbereich auf der Führungsebene zugewiesen wird. Christina A. bezieht weiterhin den gleichen Lohn und man signalisiert ihr, dass es vermutlich eine Frage der Zeit ist, bis eine neue Führungsposition frei wird. Während sich andere Kollegin-

nen und Kollegen in die neue Situation fügen, kann sie die Rückstufung nicht überwinden. Sie fühlt sich nicht wertgeschätzt, ungerecht behandelt und tief verletzt. Obwohl ihr die Arbeit nach wie vor gefällt, überlegt sie, den Job zu wechseln, selbst wenn sie am neuen Ort weniger Lohn erhalten sollte.

Gerechtigkeit ist ein tief verankerter menschlicher Sinn. Er hat seinen Ursprung in der Evolution. Bereits Tiere, die in sozialen Gruppen leben, haben weitergehende Bedürfnisse als nur Nahrung und Sicherheit, wie die Forscher Sarah Brosnan und Frans de Waal zeigen konnten. In einem Experiment belohnten sie Kapuzineräffchen für das Ausführen einer Aufgabe. Am Anfang bekamen beide Äffchen ein Stück Gurke als Belohnung. Dann änderten die Forscher die Versuchsanordnung und gaben einem der beiden Affen eine Traube. Offensichtlich mögen Affen süße Trauben mehr als wässrige Gurken. Der schlechter belohnte Affe bekam daraufhin einen Wutanfall. Er warf die Gurken durch die Gitterstäbe und verweigerte es, weitere Aufgaben zu lösen.[15]

Das Bedürfnis nach gerechter Behandlung erschwert es Menschen, zu akzeptieren, dass jemand aus der eigenen Sicht bevorzugt wird. Gerade in Unternehmen und Organisationen mit Hierarchien und einer laufenden Umverteilung von Ressourcen ist es jedoch nicht möglich, alle so zu berücksichtigen, dass sie sich gerecht behandelt fühlen. Die Beförderung, ein schönerer Arbeitsplatz, ein höherer Bonus oder Lohn, der anderen zuteilwird: Wenn Menschen das Gefühl haben, selber nicht gerecht behandelt zu werden, kann es sie tief verletzen und zu entsprechenden Reaktionen führen.

Bei Konflikten genau hinschauen

In Konflikten ist es folglich wichtig, genau hinzuschauen, worum es wirklich geht. Solange Konflikte um Themen ausgefochten werden, die letztendlich gar nicht das eigentliche Thema des Konfliktes sind, ist eine Lösung des Konfliktes nicht möglich. Eine sachliche Auseinandersetzung kann nicht stattfinden, solange verletzte menschliche Bedürfnisse nicht repariert worden sind. Dies ist übrigens der Kern vieler Mediationen. Der Mediator legt die emotionalen Grundbedürfnisse der Parteien frei. Erst wenn die Parteien diese gegenseitig anerkennen, wird wieder ein echter Dialog möglich.

Reflexion

Überlegen Sie, was Ihnen besonders wichtig ist und welches Ihre wunden Punkte sind. Wenn ein Mensch Sie kritisiert, was trifft Sie besonders? Und auf welche Bemerkungen reagieren Sie, wie es so schön heißt, allergisch? Und weshalb ist das so? Welche Ihrer Bedürfnisse werden in diesem Moment verletzt? Und überlegen Sie, wenn Ihr Gegenüber bei der nächsten Auseinandersetzung aus Ihrer Sicht unverhältnismäßig reagiert, welche wunden Punkte vielleicht bei ihm gerade berührt werden.

4. Konflikte sind Bedrohungen

Das Wichtigste in Kürze:

- Menschen sind durch die Evolution darauf geeicht, vor allem Gefahren und Verluste zu erkennen.
- Menschen haben eine Aversion gegen Verluste und setzen mehr Energie darauf ein, einen Verlust abzuwehren als einen Gewinn zu erzielen.
- In Organisationen, in denen Veränderungen an der Tagesordnung sind, drohen ständig Verluste. Wenn Menschen versuchen, diese Verluste abzuwehren, entstehen Konflikte.
- Um Konflikte zu verstehen, müssen wir deshalb immer die Verluste betrachten, die mit dem Konflikt verbunden sind.
- Zudem nimmt der Mensch Konflikte als Bedrohung wahr, weil er befürchtet, Verluste zu erleiden, wenn der Konflikt nicht gut gelöst wird.

Menschen müssen vor allem Bedrohungen und Verluste erkennen
Der Mensch ist ein Profi darin, Bedrohungen zu erkennen. Diese Fähigkeit hat er sich in der Vergangenheit erworben und sie war überlebenswichtig. Ein hungriger Bär, der um die Ecke kam, oder ein unfreundlicher Zeitgenosse aus dem Nachbardorf, der die Keule schwang – der Mensch musste rasch erkennen, wann ihn etwas bedroht und darauf reagieren. Heute schlägt uns der Nachbar zwar nicht mehr die Keule über den Kopf, und die wenigen Bären, die sich zu uns vorwagen, werden eher vom Zug überfahren, als dass sie uns auffressen. Aber das hat nichts daran geändert, dass der Mensch auf noch so kleine Bedrohungen sehr sensibel – und manchmal auch unangemessen – reagiert. Ein Beispiel hierfür sind die Terroranschläge vom 11. September 2001. Bei den Anschlägen starben über 3000 Menschen. Doch 9/11 forderte in tragischer Weise weit mehr Opfer. Denn nach den Terroranschlägen

stiegen viele Amerikaner auf das vermeintlich sichere Auto um, um
weiteren Bedrohungen zu entgehen. Leider war dies ein Trugschluss: In
den zwölf Monaten nach dem 11. September 2001 gab es schätzungs-
weise 1.600 mehr unfallbedingte Todesfälle auf US-amerikanischen
Straßen, als es statistisch zu erwarten gewesen wäre.[16]

Menschen haben eine Abneigung gegen Verluste
Menschen mögen auch keine Verluste. Deshalb ist es praktisch unmöglich, Lohnsenkungen durchzuführen oder das Autofahren einzuschrän-
ken, und an der Börse bricht bei jedem Kurseinbruch die nackte Panik
aus. Vermeintlich negative Veränderungen des Status quo nimmt der
Mensch als Bedrohung war. Und er setzt große Energien ein, Veränderungen und Verluste abzuwehren. Dies ist ein biologisches Phänomen.
Bei territorialen Tieren erklärt das Phänomen den Erfolg von Verteidi-
gern. Der Halter eines Territoriums, der von einem Rivalen herausge-
fordert wird, gewinnt den Kampf fast immer, meist schon innerhalb
von Sekunden.[17] Die Abneigung gegen Verluste führt – ökonomisch
gesprochen – zu irrationalem Verhalten, wie Nobelpreisträger Daniel
Kahneman und sein Kollege Amos Tversky herausfanden. Menschen
wählen aufgrund ihrer Verlustaversion nicht immer die Option, die
ihnen am meisten bringt. New Yorker Taxifahrer bestätigten die Theorie. Der amerikanische Ökonom Colin F. Camerer beobachtete ihr
Verhalten. Die Einnahmen der Fahrer schwankten, da es natürlich Tage
mit mehr und mit weniger Kundschaft gibt. Eigentlich hätte man nun
erwarten müssen, dass die Fahrer an guten mehr und an schlechteren
Tagen weniger fahren würden. Doch das war nicht der Fall. Vielmehr
setzten sich die Fahrer täglich ein bestimmtes Umsatzziel. Sobald sie
das Ziel erreicht hatten, machten sie Feierabend. An guten Tagen gingen sie früh nach Hause, an schlechten Tagen suchten sie noch lange
nach Kundschaft.[18]

Die Abwehr von Verlusten führt zu Konflikten

Was haben unsere keulenschwingenden Vorfahren, die Folgen von 9/11 oder die New Yorker Taxifahrer nun mit Konflikten zu tun? Eine Menge. Denn wenn Menschen in der Arbeitswelt versuchen, Bedrohungen und Verluste abzuwenden, entstehen Konflikte. Gerade in Unternehmen und Organisationen, in denen Veränderungen an der Tagesordnung sind, werden Menschen immer wieder mit möglichen Verlusten konfrontiert. Im Extremfall haben Menschen Angst ihren Arbeitsplatz zu verlieren. Aber bereits die Versetzung in eine andere Abteilung, die Änderung des Pflichtenhefts oder der Umzug in ein kleineres Büro wird als Bedrohung empfunden. Die Verteidigung des Status quo kann sich unterschiedlich äußern: Ablehnende Bemerkungen, Dienst nach Vorschrift, fehlendes Engagement oder subtile Sabotage. Alles Verhalten, die ein beträchtliches Konfliktpotenzial in sich bergen.

Der Begriff des Verlustes ist zudem weiter zu fassen. Es muss nicht nur die beobachtbare Einschränkung selbst sein. Es kann auch ein damit verbundener Verlust sein, der als weitaus gravierender empfunden wird. Die Lohneinbuße an sich ließe sich vielleicht noch verschmerzen, aber nicht der damit verbundene Entzug von Anerkennung. So verteidigen manche Manager ihre Spitzengehälter und Boni vehement, obwohl das Geld als solches auf dieser Ebene nicht mehr so relevant ist.

Konflikte werden als Bedrohung empfunden, weil Verluste entstehen können

Nicht nur führen reale oder zu erwartende Verluste zu Konflikten, sondern werden Konflikte umgekehrt selbst als Bedrohung angesehen. Dabei ist nicht der eigentliche Konflikt die Bedrohung, sondern der bevorstehende Verlust, wenn der Konflikt nicht im eigenen Interesse gelöst werden kann. Sobald Menschen einen Konflikt haben, sind die

Dinge nicht mehr so, wie sie es vorher waren. Das geordnete Dasein gerät aus den Fugen, was Menschen gar nicht mögen.

Um Konflikte und die Reaktionen der anderen sowie die eigenen Reaktionen zu verstehen, müssen Sie deshalb immer die Bedrohungen und Verluste betrachten, die mit dem Konflikt verbunden sind. Es gibt unterschiedliche Arten von Verlusten. Menschen brauchen Bezüge und Struktur, sie möchten wissen, wohin sie gehören und was ihre Rolle ist, wofür sie als Individuum stehen und worin der Sinn ihres Tuns liegt. Zudem brauchen sie das Gefühl, die Dinge unter Kontrolle zu haben. Wenn die Zugehörigkeit verloren geht, das Tun keinen Sinn mehr ergibt, die eigene Funktion und Identität infrage gestellt wird, Angst vor der Zukunft entsteht und sich der Mensch überwältigt fühlt, wird er in seinem Innersten bedroht und wehrt sich. Gewalt ist die extremste Reaktion als Antwort auf Verluste, wobei sich diese Gewalt gegen die anderen aber auch gegen sich selbst richten kann.[19]

Reflexion

Achten Sie das nächste Mal, wenn Sie einen Konflikt haben, darauf, ob und welche Verluste für Sie mit dem Konflikt verbunden sind und wie Sie darauf reagieren.

5. Wir gehen mit Konflikten verschieden um

Das Wichtigste in Kürze:

- Die Lösung eines Konfliktes findet immer im Bereich zwischen der Sache an sich und der Beziehung zum anderen Menschen statt.
- Es gibt fünf Wege, mit einem Konflikt umzugehen: dem Konflikt aus dem Weg gehen, nachgeben, seine Meinung durchsetzen, den Kompromiss suchen oder gemeinsam eine Lösung finden, die beiden nützt.
- Menschen haben von sich aus eine gewisse Neigung, einen dieser fünf Wege einzuschlagen, um mit dem Konflikt umzugehen.
- Wenn Menschen mit unterschiedlichen Neigungen zur Konfliktlösung aufeinandertreffen, kann dies den Konflikt verstärken.
- Der Weg, wie Menschen Konflikte lösen, korreliert mit ihrer Persönlichkeit. Extrovertierte suchen eher die Zusammenarbeit, introvertierte Menschen vermeiden Konflikte lieber. Menschen, welche die Dinge rational beurteilen, tendieren dazu, sich durchzusetzen. Menschen, welche gefühlsmäßig bewerten, geben eher nach.

Der Umgang mit Konflikten ist verschieden

Vielleicht kennen Sie sie auch, die Zeitgenossen (und -genossinnen), die bei jeder Auseinandersetzung kategorisch ihre Meinung kundtun und von dieser nicht abweichen möchten. Sofern man nicht selbst so gepolt ist, mag man sie in der Regel nicht wirklich, denn eine Auseinandersetzung mit ihnen droht zu eskalieren, wenn man nicht klein beigibt. Sowohl Eskalation als auch Nachgeben sind einer guten gegenseitigen Beziehung auf Dauer nicht förderlich.

Und dann gibt es die anderen, die jedem Konflikt aus dem Weg gehen. „Ich möchte nicht darüber sprechen", sagen sie und sind um die nächste Ecke verschwunden. Damit ist der Konflikt zwar für den Moment aus dem Weg geschafft, steht aber weiterhin im Raum. Das kreiert

Spannungen und eine Atmosphäre, in der die Menschen wie auf Eierschalen um die Probleme herumgehen, anstatt sie anzusprechen.

Des Weiteren gibt es die Menschen, die bei jedem Konflikt gleich einknicken und nachgeben. Die andere Seite hat zwar in dem Moment erreicht, was sie wollte, aber es bleibt ein ungutes Gefühl. Ist der andere wirklich zufrieden mit dem Ergebnis? Auch ist es schwierig, Menschen auf Dauer Respekt entgegenzubringen, wenn sie immer gleich nachgeben, und oft ist nicht klar, wofür sie stehen. „Sie ist wie eine Fahne im Wind", sagen dann die Kolleginnen und Kollegen über Frau B., die immer und überall nachgibt und keine klare Position bezieht.

Schließlich gibt es den beliebten klassischen Kompromiss: Der Konflikt wird angesprochen, die Parteien treffen sich in der Mitte, die eine Seite hat ein bisschen Recht und die andere auch, und das Verhältnis zueinander bleibt intakt. Allerdings ist das Ergebnis nicht unbedingt optimal, denn das, was die eine Seite gewonnen hat, hat die andere verloren.

Es gibt noch eine weitere Möglichkeit, und das ist – wann immer es möglich ist – das beste Vorgehen: Die eine Seite versucht, möglichst weit auf die Bedürfnisse der anderen Seite einzugehen, ohne die eigenen Interessen aus den Augen zu verlieren. Gemeinsam suchen beide Seiten nach einer Lösung, die mehr ist als ein reiner Kompromiss.

Zwei Dinge spielen eine Rolle: Ergebnisse und Beziehungen
In einem Konflikt spielen so gesehen zwei Dinge eine Rolle: die Sache an sich und die Beziehung zu dem anderen Menschen. Je nachdem, wie Menschen einem Konflikt begegnen, stehen für sie unterschiedliche Aspekte im Vordergrund.[20]

Abbildung 1: 5 Wege, einen Konflikt zu lösen[21]

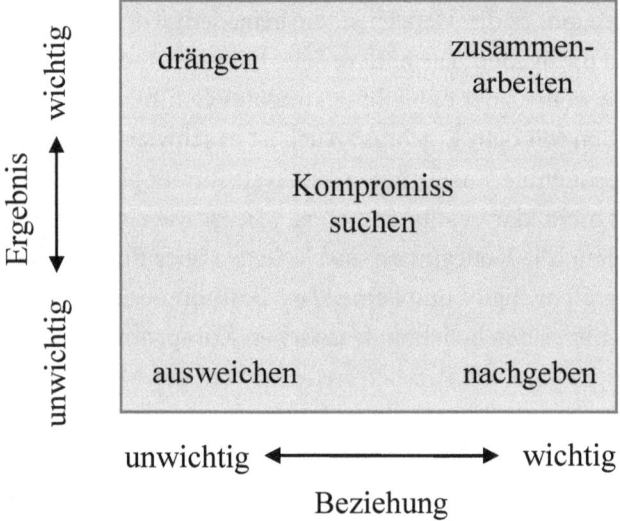

Menschen, die ausweichen, setzen zwar nicht ihre eigenen Interessen durch. Sie gehen aber auch nicht auf die Bedürfnisse der anderen Seite ein, was für diese unbefriedigend sein kann. Menschen, die drängen, kämpfen ausschließlich für ihre eigenen Interessen, fordern und möchten sich durchsetzen. Die Beziehung zum Gegenüber ist zweitrangig. Menschen, die nachgeben, gehen vollumfänglich auf die Bedürfnisse des Gegenübers ein und stellen die Beziehung über die eigenen Bedürfnisse und Interessen. Es leidet also jeweils die Sache oder die Beziehung, unter Umständen auch beides.

Menschen, die den Kompromiss suchen, berücksichtigen sowohl die Sache als auch die Beziehung. Man einigt sich in der bekannten Mitte. Ich fordere etwas, aber nicht zu viel. Der andere fordert etwas, aber auch nicht zu viel. Allerdings müssen beide Seiten einen Teil ihrer Anliegen aufgeben. Die ideale Lösung liegt deshalb darin, durch Zusammenarbeit eine Lösung zu finden, die für beide besser ist als ein reiner Kompromiss.

Menschen haben eine intuitive Neigung, mit dem Thema und der Beziehung zum Gegenüber in einer bestimmten Art und Weise umzugehen. In gewissen Situationen kann dieses intuitive Vorgehen das Richtige sein, in andern aber viel Porzellan zerschlagen oder zu unbefriedigenden Ergebnissen führen. Man sollte deshalb in einem Konflikt nicht seiner unmittelbaren Neigung nachgeben, sondern sich überlegen, wie wichtig einem das Ergebnis und wie wichtig die Beziehung zum Gegenüber ist.

Die unterschiedliche Neigung, mit Konflikten umzugehen, kann die Lösung erschweren

Menschen sehen Konflikte also nicht nur unterschiedlich, sondern sie bevorzugen verschiedene Wege, um Konflikte anzugehen. Das kann die Lösung von Konflikten zusätzlich erschweren und die Situation unter Umständen verschärfen:

Menschen, die drängen, fühlen sich im Recht und somit schnell kritisiert. Die anderen verstehen hingegen nicht, warum die Person derart auf ihrem Standpunkt beharrt und nicht auf ihre Anliegen eingeht, und ärgern sich auch darüber.

Menschen die nachgeben, müssen nicht unbedingt damit zufrieden sein, sondern können das Gefühl haben, dass der oder die andere einen Vorteil aus der Situation ziehen möchten und sich nur um die eigenen Belange kümmert. Dritte können aus dem Nachgeben den Schluss ziehen, dass die Person ein Schwächling ist.

Menschen, welche eine Auseinandersetzung zu vermeiden suchen, fühlen sich schnell gedrängt und ziehen sich weiter zurück. Andere interpretieren dieses Verhalten dann als Desinteresse oder Unfähigkeit.

Menschen, welche den Kompromiss suchen, machen dieses eventuell, weil sie es als schwierig erachten, mit der Person zu einer Übereinkunft zu gelangen. Andere können meinen, dass die den Kompromiss suchende Person nicht wirklich für etwas steht und alle Probleme einfach möglich schnell lösen möchten, ohne sich damit auseinanderzusetzen.

Und auch die Zusammenarbeit als eigentlicher Königsweg ist nicht frei von möglichen Missverständnissen. Insbesondere kann die Person, welche die Zusammenarbeit sucht, dafür kritisiert werden, dass sie sich unangemessen mit der Sache beschäftigt und alles nur noch komplizierter macht, als es ohnehin schon ist.

Eine Situation kann auch schnell kippen. Menschen drängen zuerst, und wenn sie Widerstand verspüren, ziehen sie sich zurück und überlassen den anderen das Feld. Oder der Vermeider sagt unter Umständen nichts, bis ihm der Kragen platzt. Dann wird er zum Dränger, will sich nichts mehr gefallen lassen und beharrt auf seiner Position.

Psychologische Typen und Konfliktstile
Bevorzugen Persönlichkeiten bestimmte Konfliktstile? Kenneth W. Thomas und Ralph H. Kilmann, die das Verhalten in Konflikten systematisch beschrieben und die eingangs beschriebenen Konfliktstile entwickelt haben, sind der Frage nachgegangen und haben die verschiedenen Persönlichkeitstypen, die Ihnen in Kapitel 2 begegnet sind, mit den verschiedenen Konflikttypen korreliert.[22] Sie fanden, dass Menschen, die eher extrovertiert sind, mit einer größeren Wahrscheinlichkeit die Zusammenarbeit suchen, während Menschen, die zur Introversion neigen, eher Konflikte vermeiden. Dabei handelt es sich um statistisch signifikante Ergebnisse, was aber nicht heißt, dass jeder Mensch mit einer Tendenz zu dem Persönlichkeitsmerkmal „Extraversion" oder „Introversion" sich so verhält. Aber in der Tendenz lässt sich das Verhalten beobachten. Es macht auch intuitiv Sinn, denn mit anderen Menschen gemeinsam ein Ergebnis zu suchen, erfordert mehr Interaktion, was extrovertierten Menschen leichter fällt.

Ein weiteres Ergebnis war, dass Menschen, welche die Dinge eher rational sehen und bewerten, dazu tendieren, sich durchzusetzen, während Menschen, welche die Dinge eher gefühlsmäßig bewerten, dazu tendieren, nachzugeben. Auch dieses Ergebnis lässt sich nachvollziehen, denn Menschen, die in Konflikten schnell nachgeben, stellen im Zweifelsfall die Beziehung über ihren Erfolg. Menschen, welche die Dinge eher sachlich bewerten, sehen hingegen mehr das Thema und gehen davon aus, dass dies ihr Gegenüber ebenfalls tut.

Reflexion

Zu welchem Verhalten tendieren Sie in Konfliktsituationen? Versuchen Sie, Ihre Forderungen jeweils voll durchzusetzen und drohen vielleicht auch der anderen Seite (drängen)? Oder gehen Sie lieber über den Konflikt hinweg, der anderen Seite aus dem Weg und hoffen, dass sich das Problem mit der Zeit von selbst löst (ausweichen)? Geben Sie in der Regel lieber nach, weil Ihnen eine gute Beziehung und das Vermeiden von Ärger mit der anderen Seite wichtiger sind als das Durchsetzen Ihrer Interessen (Nachgeben)? Versuchen Sie, den Konflikt dadurch zu beseitigen, dass jeder ein bisschen nachgibt und man sich in der Mitte einigt (Kompromiss)? Oder haben Sie das Bedürfnis, Konflikte auszudiskutieren und sind bestrebt, eine Lösung zu finden, mit der am Ende alle zufrieden sind (Zusammenarbeit)?

Beobachten Sie auch, wie Sie reagieren, wenn Sie auf einen Menschen treffen, der einen anderen Konfliktstil hat und inwiefern ihre Unterschiedlichkeiten den Konflikt verschärfen bzw. die Lösung erschweren.

6. Konflikte sind Stress

Das Wichtigste in Kürze:

- Die Evolution hat unserem Gehirn verschiedene Teile beschert. Der ältere Teil besteht neben dem Hippocampus, der Dinge wahrnimmt und deutet, aus dem Mandelkern, der diese emotional bewertet und mit Angriff, Flucht oder auch Erstarrung reagiert. Der jüngere Teil besteht aus dem Neokortex, dem denkenden Gehirn.

- Normalerweise gehen die Informationen über die Sinnesorgane in das denkende Gehirn (Neokortex), das sie bewertet und eine der Situation und Aufgabe angepasste Reaktion veranlasst. In bedrohlichen Situationen wird der Neokortex jedoch umgangen und die Informationen landen direkt beim Mandelkern.

- Menschen, die sich in einem Konflikt emotional bedroht fühlen, reagieren automatisch mit Angriff oder Flucht, noch bevor ihr Neokortex die Situation richtig analysieren kann.

- Die automatische primitive Reaktion des Mandelkerns kann man nicht wegtrainieren. Man kann jedoch trainieren, Konflikte nicht gleich als Bedrohung anzusehen, zu erkennen wann die eigenen Reaktionen vom Mandelkern gesteuert werden, und wie man sie schnell wieder unter Kontrolle bringen kann.

Die Abkürzung des Reptilienhirns

„Wenn Du so weiter machst, fährst Du die Firma an die Wand, so einfach ist das" sagt David N. zu seinem Geschäftspartner Christian K., wendet sich von ihm ab und schaut aus dem Fenster. Dessen Blut gerät in Wallung. Ärger macht sich breit. „Jetzt hör mir mal gut zu", sagte er zu N., und seine Stimme klingt gepresst, „ich hatte mir vorgenommen, die Angelegenheit sachlich und ruhig mit dir zu besprechen, aber so lass ich nicht mit mir reden. So nicht!" Er packt seine Unterlagen und stürmt aus dem Büro. Oh Mann, denkt Dorothea W., die Sekretärin von David N.,

als sie Christian K. hinterherblickt. Dicke Luft. Schon wieder. Die können einfach nicht vernünftig miteinander reden.

Lass uns wie vernünftige Menschen miteinander reden. Dieser Satz impliziert bereits, dass in einem Konflikt die Vernunft zuweilen außer Sichtweite gerät. Erinnern Sie sich an Kapitel 4? Menschen nehmen Konflikte als Bedrohung wahr. Und in bedrohlichen Situationen übernimmt der Mandelkern, oder salopp ausgedrückt das Reptilienhirn, das Ruder. Das Reptilienhirn reagiert nur, Denken ist nicht seine Stärke. Zwar wissen Sie, dass Sie kein Reptil sind, sondern ein Mensch, und dass Ihnen daher noch andere Teile Ihres Gehirns zur Verfügung stehen, die Sie vom instinktgesteuerten Tier unterscheiden. Nur, dass sich Ihr Gehirn nicht mehr an seine Fähigkeiten erinnert, als M., ein nerviger Kunde, Ihnen gegenüber einmal mehr eine provokative Bemerkung macht. Sie regen sich noch beim Abendessen darüber auf und kreisen um das Thema, bis Ihre Partnerin leicht genervt sagt: „Jetzt reicht's! Komm mal wieder runter." Recht hat sie, realisieren Sie in diesem Moment. Aber was ist passiert? Warum haben Sie so reagiert? Warum sind wir in solchen Momenten so wenig „Herr im eigenen Haus" wie Sigmund Freud es einstmals formulierte?

Man weiß heute, dass unser superentwickeltes Gehirn eine kleine Abkürzung in der Verarbeitung und Bewertung von Informationen eingebaut hat, die uns immer wieder zum Verhängnis wird. Unser Gehirn besteht aus verschiedenen Teilen, die unterschiedlich alt sind. Der älteste Teil des emotionalen Gehirns ist das limbische System mit dem Hippocampus und dem Mandelkern (die sogenannte Amygdala). Der Hippocampus kann Wahrnehmungsmuster erkennen und deuten, der Mandelkern bewertet sie emotional. Oder, um mit den Worten des Neurowissenschaftlers LeDoux zu sprechen: „Der Hippocampus ist entscheidend dafür, dass Sie ein Gesicht als das Ihrer Cousine erkennen. Es ist der Mandelkern, der hinzufügt, dass Sie sie eigentlich nicht mögen."[23]

Vor rund 100 Mio. Jahren passierte dann Revolutionäres. In einem großen Wachstumsschub stülpten sich über den damals noch dünnen und nur begrenzt ausgebildeten Kortex neue Schichten von Hirnzellen und bildeten den Neokortex. Der Neokortex ist das denkende Gehirn. Die Reaktion auf und die Verarbeitung von Informationen kann man sich vereinfacht wie folgt vorstellen: Über die Sinnesorgane werden von außen Signale empfangen, die zunächst zum Thalamus (einem weiteren Bestandteil des limbischen Systems), und von dort in den Neokortex wandern. Im Neokortex werden die Signale vom denkenden Gehirn auf ihre Bedeutung hin analysiert und so erkennt das Gehirn, womit es und was es zu tun hat. Aufgrund dieser Erkenntnis schickt der Neokortex Signale zum limbischen Gehirn, welches die entsprechenden Reaktionen auslöst. So weit, so rational. Allerdings zeigen neuere Forschungen, dass es gleichzeitig vom Thalamus eine kleine Abzweigung direkt zum Mandelkern gibt. Diese kleinere und kürzere Bahn erlaubt es dem Mandelkern, Inputs direkt von den Sinnesorganen zu empfangen. Der Mandelkern fungiert als emotionaler Wachposten, der jede Situation, jede Wahrnehmung kritisch auf die allerprimitivste Frage hin überprüft: Ist das etwas, das ich nicht ausstehen kann, das mich kränkt, das ich fürchte? Wenn ja, schickt der Mandelkern augenblicklich eine Krisenbotschaft an alle Teile des Gehirns und hält eine der drei Reaktionen bereit: Wir ziehen uns zurück oder weichen aus (Flucht), werden aggressiv (Angriff) oder reagieren überhaupt nicht bzw. blenden die Situation aus (Erstarrung). Der Mandelkern kann uns zum Handeln veranlassen, während der zwar vollständiger informierte aber langsamere Neokortex noch damit beschäftigt ist, seinen verfeinerten Plan für die Reaktion aufzustellen.

Das ist der Grund, weshalb uns das Gehirn in Situationen, die wir als Bedrohung empfinden, in unseren Bemühungen, sachlich zu bleiben, austrickst. Die Frage ist also nicht, wie wir uns nicht mehr aufregen können, sondern, wie wir das Reptilienhirn möglichst schnell wieder zum Schweigen bringen und das Denken wieder einschalten.

Silvia S. konfrontiert ihren Teamleiter Max P. damit, dass er sie am letzten Meeting vor allen Beteiligten kritisiert hat, was ihr sehr peinlich war. Silvia S. sagt zu Max P.: „Ich kam mir wie ein Idiot vor, als du mich vor allen anderen so angegriffen hast. Und es war mir peinlich". P. antwortet darauf: „Sorry, aber es entsprach den Tatsachen, und wenn es dir nicht gefällt, musst Du Dir vielleicht eine andere Abteilung suchen."

Es ist nicht klar, warum Max P. so ablehnend reagiert. Doch es ist eindeutig sein Mandelkern, der die Antwort gibt. P. ist von seinen Emotionen gefangen genommen worden. Wie der Dialog weitergeht und ob der Konflikt noch friedlich beigelegt werden kann, hängt jetzt davon ab, wie schnell Max P. seine defensiv-aggressive Reaktion erkennt. Nachdem er sich wieder unter Kontrolle hat, kann er mit Silvia S. das Gespräch suchen, um die Situation zu klären (was hat Silvia genau gestört?), er könnte ihr anbieten, seine Sicht der Dinge darzulegen, er könnte sich auch für den letzten Satz entschuldigen (Es tut mir leid, dass ich gesagt habe, du müsstest dir eine andere Abteilung suchen, das war unangemessen). Max P. kann zwar die emotionale Reaktion nicht mehr rückgängig machen, da war sein Reptilienhirn schneller. Er kann jedoch in den konstruktiven Dialog eintreten und mit Silvia S. das Problem klären.

Sich selber so rasch wie möglich wieder unter Kontrolle zu bringen, ist einer der wichtigsten Schlüssel, um unnötige Konflikte zu vermeiden, keine Eskalation heraufzubeschwören und Konflikte zu lösen. Im folgenden Kapitel erfahren Sie näher, wie Sie dies bewältigen können. Die emotionalen Reaktionen treten auf, dafür ist unser Gehirn gemacht, das können Sie nicht ändern. Aber was Sie ändern können, ist die Zeit, die Sie benötigen, um wieder zu sich selbst und Ihrem rationalen Ich zu finden.

Reflexion

Lesen Sie das nächste Kapitel und wenden Sie die dort beschriebenen Methoden an, wenn Sie sich das nächste Mal wieder aufregen. Beobachten Sie sich gewissermaßen von außen: Was ist in dem Moment passiert, in dem Ihr Reptilienhirn das Gespräch geführt hat, und wie schnell waren Sie in der Lage, das zu erkennen und Ihren Verstand wieder einzuschalten?

Und weil auch Humor emotionale Reaktionen entschärfen kann, hier noch die leicht abgeänderte Version einer Blödelgeschichte des deutschen Komikers Otto Waalkes, die lange, bevor der Begriff der emotionalen Intelligenz seinen Ursprung feierte, entstand. Wenn Ihnen das nächste Mal Ihre Emotionen in die Quere kommen, dann erinnern Sie sich doch an Herrn Soost:

Wir befinden uns jetzt im Körper von Herrn Soost. Herr Soost sitzt in einer Kneipe, die Leber arbeitet gut, die anderen Organe rekeln sich in der Gegend herum. Da plötzlich meldet sich das Ohr:

„Ohr an Reptilienhirn, Ohr an Reptilienhirn, habe soeben das Wort ‚Saufkopf‘ entgegennehmen müssen!"

„Reptilienhirn an Ohr, von wem?"

„Ohr an Reptilienhirn, ich kann nichts sehn, mal Auge fragen."

„Reptilienhirn an Auge, wer hat da eben ‚Saufkopf‘ gesagt?"

„Auge an Reptilienhirn, der Typ, der uns gegenübersteht, 1,95 groß, breite Schultern und Schlägervisage."

„Reptilienhirn an alle: Fertig machen zum Ärgern. Reptilienhirn an Drüsen: Adrenalinausstoß vorbereiten!"

„Milz an Reptilienhirn, Milz an Reptilienhirn, was ist denn da los bei euch, ich krieg hier ja überhaupt nichts mit?!"

„Brauchst auch nix mitzukriegen, halt dich da raus aus dem Funkverkehr!"

„Reptilienhirn an Blutdruck: Steigen!"

„Blutdruck an Reptilienhirn, Blutdruck an Reptilienhirn, in Ordnung, gestiegen!"

„Leber an alle, Leber an alle, wo bleibt denn der Alkohol, ich krieg ja überhaupt nichts zu tun hier!?"

„Reptilienhirn an Faust, ballen!"

„Milz an Reptilienhirn, soll ich mich auch ballen?"

„Schnauze! Reptilienhirn an Faust, ausfahren!"

„Leber an alle, was is' nu mit dem Alkohol?"

„Also Ruhe zum Donnerwetter, wie soll man sich da vernünftig ärgern, da geht ja alles durcheinander, alles auf mein Kommando, ist das klar!?"

„Neokortex an Reptilienhirn, Neokortex an Reptilienhirn, Jungs nu lasst doch mal die Aufregung, ihr zieht doch sowieso den Kürzeren."

„Reptilienhirn an Neokortex, vielen Dank für den Tipp".

„Neokortex an alle, Ärger langsam eindämmen, Adrenalinzufuhr stoppen und Blutdruck langsam senken. Achtung, fertigmachen zum Händeschütteln und Schulterklopfen".

„Neokortex an Zunge, 2 Bier bestellen, eins für den Herrn gegenüber und eins für die Leber! Prost!"

II. Überlegt reagieren

„You never get a second chance to make a first impression", lautet ein angelsächsisches Sprichwort (was auf Deutsch etwas weniger elegant heißt: es gibt keine zweite Chance für den ersten Eindruck). Der erste Eindruck ist entscheidend und bleibend, und das gilt auch im Konflikt. Oft reagieren Menschen in Konflikten spontan und möchten ihn sofort lösen. In einer emotional belastenden Situation ist die spontane und nicht sauber durchdachte Reaktion jedoch keine gute Strategie.

Ihre erste Reaktion ist entscheidend für den weiteren Verlauf des Konfliktes. In diesem Kapitel erfahren Sie, wie Sie in Konflikten den Überblick behalten und die Lösung des Konfliktes sachlich angehen. Dazu gehört, dass Sie sich nicht von Ihren Emotionen leiten lassen. Des Weiteren sollten Sie genau überlegen, worum es in dem Konflikt geht, welche Bedürfnisse in Ihnen angesprochen oder verletzt werden und wie es um die Beziehung zu Ihrem Gegenüber bestellt ist. Achten Sie auch darauf, wie weit der Konflikt bereits fortgeschritten ist. Sobald der Konflikt eine gewisse Eskalation erreicht hat, ist es sehr schwierig, aus eigener Kraft noch eine Einigung zu erreichen.

Manchmal stellt sich zudem die Frage, ob der Konflikt wirklich gelöst werden muss. Auch wenn es in der Regel besser ist, einen Konflikt anzusprechen, gibt es Situationen, in denen man die Sache auch auf sich beruhen lassen kann und sollte.

7. Gewinnen Sie Abstand

Das Wichtigste in Kürze:

- In einer Konfliktsituation werden unser Reptilienhirn (Angriff, Flucht, Erstarrung) und unser emotionales Gehirn (Ärger, Wut, Stress, Angst) aktiv. Was Sie und Ihr Gegenüber benötigen, sind jedoch Lösungen von Ihrem rational denkenden Gehirn.
- Reagieren Sie deshalb nicht spontan, sondern versuchen Sie den Überblick zu behalten.
- Gehen Sie im Geiste an einen Ort (ein Balkon, ein Berggipfel), von dem aus Sie die Situation mit emotionaler Distanz beobachten können.
- Wenn Sie starke negative Gefühle haben, beschreiben Sie diese erst für sich in einem inneren Dialog, um sich zu beruhigen.
- Reagieren Sie nach außen, indem Sie Ihrem Gegenüber in Worten beschreiben, wie Sie die Situation empfinden.

STOP! Reagieren Sie nicht spontan

Ihre Geschäftsführerin Sandra M. biegt um die Ecke, sieht Sie und sagt, während sie bereits Richtung Büro zusteuert, in der einen Hand einen Aktenordner und in der anderen einen Kaffeebecher jonglierend: „Der Bericht für den Stiftungsrat muss übrigens noch mal überarbeitet werden". Nun sind Sie diejenige, die den Bericht geschrieben hat. Und Sie sind alles andere als der Meinung, dass Sie schlechte Arbeit abgeliefert haben. Verdammt, denken Sie, was soll das denn wieder! Kann Sie mir das nicht anders sagen? Die dumme Kuh hat einfach keine Führungsfähigkeiten. Jetzt reicht's! Ärger kriecht in Ihnen hoch, vor allem aber auch Stress, denn Sie sind zeitlich ohnehin unter Druck. So nicht, denken Sie und setzen zur Replik an, um sich zu verteidigen …

STOP! Tun Sie es nicht! In diesem Moment werden Ihre Emotionen angesprochen. Sie fokussieren auf die Gefahr, und Ihr Reptilienhirn aktiviert Ihr Angriff-Fluch-System. Unterstützt wird es von dem emotionalen Teil Ihres Gehirns, das Ihnen die nötigen Gefühle liefert, um sich so richtig schön aufzuregen. All das läuft in Sekundenbruchteilen ab. In diesem Moment wird die rationale Seite Ihres Gehirns von Ihrem Reptilienhirn gekidnappt. Das Reptil ist nun voll in seinem Element. Wenn Sie ihm das Ruder überlassen, wenn Sie jetzt impulsiv reagieren und das tun und sagen, was Ihnen gerade in den Sinn kommt, ist das im besten Fall nicht sehr hilfreich. Im schlimmsten Fall erwachen auch bei Ihrem Gegenüber die Reptilien, und schon ist der Streit da. Auf jeden Fall wird das Finden einer Lösung erschwert und Zeit vergeudet, die man besser in die Arbeit an sich, im obigen Fall in den Bericht, gesteckt hätte.

Vielleicht sind Sie auch gar nicht der angriffslustige Typ, sondern gehen auf solche Bemerkungen nicht ein. Das ist eine Fluchtreaktion, mit der Sie zwar im Augenblick vermeiden, unnötig Geschirr zu zerschlagen. Und man muss auch nicht zu empfindlich sein. Wenn Sie allerdings immer so tun, als ob nichts passiert wäre, werden die Menschen auf Dauer nicht sehr achtsam mit Ihnen umgehen oder sich sogar nicht ernstgenommen fühlen (vgl. zur Frage, ob man den Konflikt überhaupt lösen muss, Kapitel 12).

Reagieren Sie also, aber richtig, d. h. mit dem Teil Ihres Gehirns, der die Situation logisch und rational bemisst. Die entscheidende Frage lautet: Wie gewinnen Sie möglichst rasch die Kontrolle über die Situation zurück? Jeder Mensch muss hierzu seinen eigenen Weg finden, denn jeder Mensch hat einen anderen Zugang zu seinem rationalen Inneren. Grundsätzlich bewähren sich jedoch die folgenden Vorgehensweisen: Distanz aufbauen, beobachten und beschreiben.

Gehen Sie auf den Balkon

William Ury, als Mitbegründer des Harvard-Konzeptes ein Spezialist auf dem Gebiet der Konfliktbereinigung, hat für sich die Metapher von einem Theaterbalkon geschaffen. Damit kann er in schwierigen Situationen den nötigen Abstand gewinnen.[24] Der Balkon steht sinnbildlich für einen mentalen und emotionalen Ort der Perspektive, Ruhe und Selbstkontrolle. Wenn das Leben eine Bühne ist und wir alle Akteure auf dieser Bühne sind, dann haben wir auf dem Balkon den besseren Überblick und mehr Klarheit, um das Geschehen zu verfolgen. In einer Konfliktsituation kann es deshalb helfen, erst „auf den Balkon zu gehen". Von dort beobachten Sie als außenstehender Betrachter, was gerade passiert: bei Ihnen selber und bei den anderen.

Auf dem imaginären Balkon geht es nicht darum, die Gefühle, die Sie in dem Moment verspüren, zu verleugnen oder abzulehnen. Sie sind ohnehin vorhanden. Sie sollten diese Gefühle jedoch beobachten und beschreiben: Verspüre ich Ärger, Wut oder Angst? Was genau regt mich so auf? Fühle ich mich zu Unrecht kritisiert oder schlecht behandelt? Bin ich überfordert? Habe ich sogar Angst um meinen Job? Versuchen Sie das nächste Mal, wie ein Außenstehender zu betrachten, was in Ihnen geschieht, wenn eine Situation Sie negativ berührt.

Manchmal ist das Bedürfnis, „Dampf abzulassen" fast überwältigend, insbesondere wenn die andere Seite bewusst immer wieder provoziert. Kleine Kinder beherrschen das Spiel meisterhaft. Aber auch Kollegen, Kunden oder Klienten können uns zur Weißglut bringen bzw. uns verletzten, schlimmstenfalls ganz bewusst. Vielleicht ist es in der Situation angebracht, seinen Standpunkt klar und deutlich kundzutun, vielleicht auch nicht. Entscheidend ist, dass Sie nicht impulsiv handeln, da Ihr Reptiliengehirn Sie schlecht beraten wird.[25]

Wenn ein Mensch Sie emotional herausfordert, gehen Sie deshalb im Geiste erst an einen Ort, von dem aus Sie den Überblick haben. Das kann der erwähnte Theaterbalkon sein, aber natürlich auch etwas anderes wie z. B. ein Berggipfel, mit dem Sie besondere Klarheit der Gedanken assoziieren. Finden Sie einen Ort, der Ihnen als Metapher geeignet erscheint, um die Konfliktsituation aus der Distanz zu beobachten.

Viele Menschen meinen, sie müssten in einem Konflikt die richtige Antwort bereits auf den Lippen habe, um zu zeigen, dass sie der Situation gewachsen sind. Doch manchmal kann es sehr wirkungsvoll sein, erst einmal zu schweigen. Schweigen ist das machtvollste Kommunikationsinstrument überhaupt. Natürlich geht es nicht darum, in diesem Zustand zu verharren. Sonst provozieren Sie die andere Seite und erwecken den Anschein, dem Konflikt ausweichen zu wollen. Versuchen Sie jedoch das nächste Mal, wenn Sie jemand direkt oder indirekt angreift, fünf Sekunden zu schweigen und die Situation von ihrem imaginären Ort aus zu analysieren. Beobachten Sie, was es bei dem anderen auslöst. Die meisten Menschen können mit Pausen schlecht umgehen. Vermutlich wird Ihr Gegenüber seinen Redefluss irgendwann unterbrechen. Vielleicht hat er oder sie auch bereits den ersten Ärger abgeladen. Durch die Pause verändern Sie die Situation und können in einen neuen und (hoffentlich besseren) Dialog eintreten.

Beschreiben Sie die Situation nach innen

Die Sache von außen zu betrachten und sich die Frage zu stellen „Was ist hier eigentlich los?", genügt bei kleineren Konflikten meist, um Distanz zu gewinnen und wieder klar denken zu können. Ernsthaftere Konflikte und Stress auslösende Situationen können allerdings starke negative Gefühle erzeugen, die Sie in dem Moment völlig in Beschlag nehmen.

Natürlich wissen Sie, dass Sie sich wieder beruhigen werden. Typischerweise passiert Folgendes: Einige Minuten später geht der der Puls herunter, und nach einiger Zeit haben Sie ausreichend Selbstkontrolle, um Ihre Optionen zu überdenken. Und wenn Sie noch etwas mehr Zeit haben, gewinnen Sie die Gewissheit, dass Sie das Problem schon lösen werden. Idealerweise sollten Sie sich aber nicht nur beruhigen, Sie sollten dies auch schnell tun.

Das vielleicht Erstaunliche zuerst: Sie sollten Ihre Gefühle nicht unterdrücken, sondern sie beschreiben. Hierzu gibt es mehrere Möglichkeiten. Nachfolgend zwei Anregungen, die sich auch kombinieren lassen.

Geben Sie Ihren Gedanken und Emotionen ein Label

Gedanken und Emotionen sind zunächst das, was sie sind: Gedanken und Emotionen. Sie sind unsere individuelle und subjektive Reaktion auf eine Bedrohung. Deshalb sollten wir sie nicht als objektive Gegebenheit wahrnehmen, sondern als unser subjektives Abbild der Realität. Wenn Sie einen Konflikt mit Ihrem Kollegen haben und denken: „Mein Kollege liegt hier falsch – das ärgert mich", dann sind dies lediglich ihre Gedanken. Denken Sie stattdessen: „Ich habe den Gedanken, dass mein Kollege falsch liegt und ich fühle Ärger." Ihren Gedanken und Gefühlen ein Label zu geben (meine Gedanken, meine Gefühle) hilft, sie als das zu sehen, was sie sind: Quellen von Informationen, die hilfreich sein können oder auch nicht. Sie nehmen wie auf dem Theaterbalkon oder Berggipfel den Blick von außen ein und beginnen, Ihre Gefühle von außen zu betrachten. So kann Ihr analytischer Teil des Gehirns wieder die Kontrolle übernehmen.

Von Sch... zu Okay

Wenn Sie eher der emotionale Typ sind, dann können Sie die Situation auch in der Form beschreiben, die der Psychologe Mark Goulston plakativ den von „OH F..K" TO „Ok"-Prozess nennt.[26]

Hier eine (gekürzte) Variante:

„Oh Sch..." *(Reaktion):* „Das ist ein Desaster, ich bin erledigt, was zum Teufel ist passiert, oh nein, ich weiß nicht, was ich machen soll ..."

Verleugnen Sie nicht, dass Sie die Situation aufregt oder ängstigt. Nehmen Sie die Gefühle wahr, die damit verbunden sind. Finden Sie für sich selber die Worte, welche die Situation richtig beschreiben (das regt mich auf, ich bin geschockt, wie soll ich das alles schaffen etc.).

„Oh Mann" (Freisetzung): Meine Güte, was für ein Mist, warum passiert mir das immer, was soll ich jetzt tun? Das wirft das ganze Projekt zurück/kostet einen Haufen Geld/wie steh ich jetzt da etc."

Nachdem Sie die Situation anerkannt haben, entspannen Sie. Atmen Sie aus und gewinnen Sie langsam wieder Ihre innere Balance.

„Na ja" (Refokussierung): „Geht schon, ich kann mit der Sache umgehen, sie wird mir nicht den Tag, die Woche/Karriere/Beziehung etc. ruinieren, wir werden schon eine Lösung finden".

Mit jedem Ausatmen sagen Sie sich, dass es schon wieder geht und eine Lösung möglich ist. Gewinnen Sie die Kontrolle und Sicherheit zurück, dass Sie mit dem Konflikt umgehen können. Der beschriebene Prozess (und jener aus dem vorangegangenen Abschnitt) mag sich aufwendig anhören. Aber Gedanken sind blitzschnell. Mit ein wenig Training können Sie sich relativ schnell wieder in den Griff bekommen. Passen Sie die Beispiele so an, dass sie für Sie Sinn machen.

Beschreiben Sie die Situation anschließend in Worten

Wenn Sie Ihren Stress abgebaut haben, beschreiben Sie die Situation in Worten. Kommt eine Bemerkung für Sie überraschend und Sie wissen nicht, was Sie antworten sollen, beschreiben Sie es in Ihren Worten: „Deine Kritik kommt überraschend für mich, ich muss erst darüber nachdenken. Was stört dich genau an der Umsetzung des Vorschlags?" Wenn Ihnen nicht ganz klar ist, worauf die andere Seite hinaus möchte, sprechen Sie diese Unklarheit an: „Verstehe ich Sie richtig, dass Sie von dem Bericht unseres Projektteams etwas anderes erwartet haben? Was ist es genau, was Sie stört und können wir einen Termin vereinbaren, um dies im Detail zu besprechen?" Reagieren Sie, indem Sie möglichst viele Fragen stellen. Mehr hierzu finden Sie in Teil IV.

Häufig ist es ratsam, die Konversation auf einen späteren, neutraleren Zeitpunkt zu vertagen. Fragen Sie, sofern es irgendwie angemessen ist, ob Sie das Problem am Nachmittag/nächsten Morgen/einem anderen Termin besprechen können. Bis dahin haben Sie zum einen die Möglichkeit, sich mental wieder zu fokussieren. Zum andern löst Ihre (sachliche) Reaktion bei dem anderen Menschen etwas aus. Sofern er oder sie erregt war, wird sich auch Ihr Gegenüber im Moment wieder beruhigen. Und die Konfliktsituation wird in einem später stattfindenden Gespräch nicht mehr die Gleiche sein und hoffentlich in einem entschärften Rahmen stattfinden.

Üben hilft

Für unser Verhalten und unsere Erfahrungen gibt es im Gehirn neuronale Verknüpfungen. Der Neurobiologe Gerald Hüther vergleicht die neuronalen Bahnen im Gehirn anschaulich mit einem Weg. Durch Wiederholung können wir die alten Pfade auflösen und neue Wege schaffen. Je öfter wir den neuen Weg begehen, desto breiter und angenehmer wird er, sodass wir irgendwann sicher und gut vorankommen.[27] Finden Sie für sich selbst die richtigen Bilder und Worte und nutzen Sie jede Situation, die Sie aufregt dazu, Ihre Emotionen rasch wieder unter Kontrolle zu bringen. Autofahren ist hierzu übrigens eine ausgezeichnete Möglichkeit. „Dieser Idiot da vorn, schleicht wie eine Schnecke, das macht mich wahnsinnig ... und jetzt schaltet auch noch die Ampel auf Rot, wenn das so weitergeht, komme ich nicht pünktlich zum vereinbarten Termin ... na ja, ist alles nicht so schlimm, notfalls muss ich halt anrufen ..."

8. Nehmen Sie den Druck raus

Das Wichtigste in Kürze:

- Solange sich Ihr Gegenüber in einem emotional aufgewühlten Zustand befindet, können ihn oder sie Argumente auf der Sachebene nicht erreichen.
- Führen Sie Ihr Gegenüber erst aus dem emotionalen Stress heraus und lassen Sie ihn oder sie die Sicht der Dinge darlegen.
- Argumentieren Sie anschließend nicht sofort, sondern nutzen Sie Redewendungen wie: „Was muss ich noch wissen?", um die Situation emotional ausklingen zu lassen.
- Wenn Sie selber emotional aufgewühlt sind, stellen Sie sicher, dass Sie alles richtig verstanden haben und verschieben Sie das Gespräch.

Emotionalität einer Situation akzeptieren

Wenn uns jemand verbal angreift, uns Vorwürfe macht, widerspricht oder anderweitig negativ reagiert, sind wir versucht, mit Argumenten oder auch Vernunft zu dem Menschen durchzudringen. Das Ergebnis ist meist kontraproduktiv: anstatt, dass wir einen gemeinsamen Nenner in der Kommunikation finden, reden wir aneinander vorbei, drehen uns im Kreise, und eskalieren damit schlimmstenfalls die Situation. Es ist, wie wenn Sie mit dem Auto im Sand stecken bleiben und die Räder durchdrehen. Der intuitive Gedanke ist, mehr Gas zu geben. Doch damit kommen Sie immer tiefer in den Dreck. Stattdessen müssen Sie weg vom Gas und einen anderen Weg finden, Ihr Auto aus dem Sand herauszuholen.

So ist es auch bei Konflikten. Viele Menschen meinen, sie müssen möglichst rasch ihr Gegenüber überzeugen und aus der unangenehmen Situation herauskommen. Doch wie beim Auto ist dieses Verhalten kontraproduktiv. Sobald der Konflikt die andere Seite emotional aufwühlt, ist er oder sie Argumenten nicht zugänglich. Das Gehirn läuft jetzt im Steinzeitmodus und wittert lediglich Gefahr. Deshalb ist es auch nicht sinnvoll, die Emotionen des Gegenübers einfach zu ignorieren und auf der Sachebene zu argumentieren. Denn dazu ist Ihr Gegenüber im Moment gar nicht in der Lage. Wenn Sie den Zustand ignorieren und so tun, als hätten sie beide nur ein sachliches Problem, wird sich der oder die andere nicht verstanden fühlen.

Lassen Sie den anderen erst „emotional ausatmen"
Wenn Sie anhand der Körpersprache oder der Wortwahl merken, dass Ihr Gegenüber emotional aufgewühlt oder gestresst ist, hilft es, den Menschen erst einmal gewissermaßen „emotional ausatmen" zu lassen.[28]

Angenommen Sie haben eine Auseinandersetzung mit dem Marketingverantwortlichen Paul R. Er kommt aus Kentucky und arbeitet seit drei Jahren in dem internationalen Konzern. Normalerweise ist Paul ein umgänglicher Typ mit breiten Schultern und einer tiefen Stimme, aber heute ist alles anders. Er war schon am Morgen missmutig gelaunt, und jetzt steht er vor Ihrem Schreibtisch und fixiert Sie mit verschränkten Armen und einem finsteren Gesichtsausdruck.

Was Paul R. jetzt auch immer sagt, er dürfte im Moment für Argumente nicht empfänglich sein. Er muss erst seine Arme entfalten, psychisch wie physisch. Deshalb müssen Sie ihn sozusagen „emotional ausatmen" lassen. Dies erreichen Sie, indem Sie ihn reden lassen. Und zwar ununterbrochen. Egal, ob er seinen Ärger ablässt, sich beklagt und Sie sich unfair behandelt fühlen: Versuchen Sie jetzt nicht, ihn zu unterbrechen, sich zu verteidigen oder Ihre Sicht der Dinge dazulegen. Erst einmal muss Paul R. alles abladen können. Wenn R. fertig ist, sind Sie beide erschöpft. Eigentlich wären Sie jetzt an der Reihe. Doch der richtige Moment ist immer noch nicht gekommen. Wenn Sie sofort argumentieren, ist Ihr Gegenüber zu erschöpft, um Ihnen richtig zuzuhören. Deshalb lassen Sie ihm noch ein wenig Zeit zum Entspannen. Er wird erwarten, dass Sie jetzt argumentieren und ihn zu widerlegen versuchen, und er wird sich innerlich schon einmal wappnen. Deshalb warten Sie noch ein wenig. Sagen Sie anstelle dessen Dinge wie: „Erzähl mir noch mehr darüber", „Was muss ich noch wissen", „Kannst du mir das Problem noch genauer erläutern" o. Ä. Mit dieser Reaktion geben Sie dem anderen zu verstehen, dass Sie seine Ausführungen ernst nehmen. Ihr Gegenüber wird sich entspannen und Sie können beginnen, inhaltlich zu argumentieren.

Die eigenen Emotionen respektieren
Wenn ein Mensch alles bei Ihnen ablädt, was ihn stört, ist das voraussichtlich auch für Sie belastend. Sie sollten dann das weitere Gespräch verschieben. Machen Sie sich Notizen und stellen Sie sicher, dass Sie alles verstanden haben (vgl. Kapitel 19). Falls die Vorwürfe für Sie unerwartet kamen, sagen Sie dies und erklären Sie, dass Sie etwas Zeit benötigen, um darüber nachzudenken.

9. Finden Sie den richtigen Zeitpunkt

Das Wichtigste in Kürze:
- Welche Leistung Menschen erbringen und welches Ergebnis sie erzielen, wird auch vom Zeitpunkt bestimmt.
- Sind Menschen mental erschöpft, werden sie aggressiv oder zynisch. Zudem nimmt die Fähigkeit, kognitive Aufgaben auszuführen oder logische Entscheide zu treffen, ab.
- Im Laufe des Tages und insbesondere vor Pausen ist es wahrscheinlicher, dass ein Konflikt entsteht, und es sinken die Chancen, den Konflikt konstruktiv zu lösen.
- Finden Sie den richtigen Zeitpunkt und widerstehen Sie der Versuchung, einen Konflikt noch schnell „zwischendurch" besprechen zu wollen.
- Vermeiden Sie E-Mails oder andere elektronische Medien und suchen Sie besser das persönliche Gespräch.

Das Phänomen der mentalen Erschöpfung
Morgens, mittags, abends, hat der Zeitpunkt, an dem Sie einen Konflikt lösen müssen, Einfluss auf das Ergebnis? Die Antwort lautet: höchstwahrscheinlich ja. Denn die mentale Müdigkeit beeinträchtigt unsere Leistungsfähigkeit, oder salopp ausgedrückt, unser Gehirn möchte sich nach anstrengenden unangenehmen Tätigkeiten nicht weiter anstrengen.

In einer breit angelegten Studie wurde in den USA untersucht, zu welchem Zeitpunkt des Tages Schülerinnen und Schüler in einem Test am besten abschnitten. Ausgewertet wurden zwei Millionen Tests zwischen 2009–2010 und 2012–2013. Im Durchschnitt, so zeigte sich, schnitten die Schüler besser ab, wenn sie einen Test am Anfang des Schultages absolvierten. Mit jeder Stunde später wurden die Testergebnisse schlechter. Der Grund dafür: kognitive Müdigkeit. Die Resultate wurden leicht besser, wenn die Schüler eine kurze Pause machten, bevor sie mit dem Test begannen.[29]

Das Phänomen lässt sich nicht nur bei Schülern, sondern auch im Berufsleben feststellen. Personalvermittler, deren Anstellungsgespräche von den Bewerbern bewertet wurden, schnitten umso schlechter ab, je später am Tag das Gespräch stattfand. Die schlechtere Leistung zu einer späteren Tageszeit könnte auch damit zusammenhängen, dass der Glukosespiegel im Gehirn abfällt, das Gehirn also nicht mehr genug Treibstoff hat. Hierzu wurden acht Richter in Israel beobachtet. Sie verbrachten den ganzen Tag damit, Anträge auf Haftentlassung zur Bewährung zu untersuchen. In der Regel werden 35 Prozent der Gesuche bewilligt. Es wurde untersucht, wann die Richter welches Gesuch bewerteten sowie die Zeiten, an denen sie eine Pause einlegten und etwas aßen. Nach dem Essen stieg die Bewilligungsrate auf 65 Prozent und sank in den darauffolgenden zwei Stunden bis zur nächsten Pause auf beinahe null Prozent. Müde und hungrige Richter neigen also dazu, den einfacheren Weg zu gehen und den Antrag abzulehnen.[30]

Willenskraft und Anstrengung verbrauchen somit Energie und machen das Gehirn weniger leistungsfähig. Das betrifft nicht nur inhaltliche Tätigkeiten. Konfliktreiche Entscheidungen treffen, auf andere einen guten Eindruck machen wollen oder mit einem Menschen, der sich Argumenten verwehrt, ein Gespräch zu führen, all das ermüdet das Gehirn ebenfalls. Als Folge mentaler Erschöpfung reagieren Menschen aggressiv, werden zynisch und schneiden in der Ausführung kognitiver Aufgaben oder in der logischen Entscheidungsfindung schlechter ab. Mit anderen Worten, sie können nicht mehr klar denken.

Der Zeitpunkt ist entscheidend

Was bedeuten diese Erkenntnisse für Konflikte? Zum einen steigt die Wahrscheinlichkeit, dass im Laufe des Tages und insbesondere vor

Pausen ein Konflikt entsteht. Zum anderen sinkt die Chance, einen Konflikt gut lösen zu können. Wenn Sie den Eindruck haben, dass Ihr Kollege wenig konstruktiv ist, Ihr Mitarbeiter sich Ihren Argumenten verschließt oder Ihr Chef ungeduldig wird und Ihnen kaum noch zuhört, dann kann es auch am Zeitpunkt liegen. Bitten Sie, das Gespräch auf einen anderen Zeitpunkt zu legen, idealerweise früher am Tag. (Ausnahme von der Regel: Wenn Ihr Gegenüber eine Eule und vor 10 Uhr nicht zu gebrauchen ist). Und achten Sie bei sich und den anderen auf den Treibstoff im Gehirn. Noch etwas schnell vor der Mittagspause lösen zu wollen, wenn das Gehirn müde ist und die Glukosespeicher leer sind, ist wenig erfolgversprechend, wenn nicht kontraproduktiv. Sollte Sie jemand fragen, ob das Gespräch auch verschoben werden kann, dann stimmen Sie zu. Denn nach einem Tag voller Sitzungen und Entscheidungen sind die Chancen gering, dass Sie ein konstruktives Gespräch führen und ein gutes Ergebnis erzielen können.

Suchen Sie das persönliche Gespräch

E-Mails oder andere elektronische Medien sind praktische Einrichtungen. Und es scheint verlockend, zu versuchen, Konflikte auf diesem Weg aus der Welt zu schaffen. Man kann den unangenehmen persönlichen Kontakt vermeiden, erst studieren, was die andere Seite geschrieben hat und seine Antwort sorgfältig formulieren, bevor man den „Senden-Knopf" drückt.

Mit der Kommunikation via E-Mail bleiben wir im ersten Moment in der Komfortzone und müssen uns unserem ärgerlichen Gegenüber nicht persönlich stellen. Doch letztlich tun Sie sich damit keinen Gefallen. Die Kommunikation via E-Mail birgt gleich drei Nachteile:

- Der Inhalt kann missverstanden werden, weil die andere Seite den Text durch ihren persönlichen Filter laufen lässt und Aussagen interpretiert, ohne dass Sie es korrigieren könnten.

- Durch den nicht-persönlichen Austausch fehlen Ihnen und Ihrem Gegenüber wichtige Informationen über die Körpersprache. Die Lücke müssen Sie beide durch Annahmen füllen: Wie ist die äußerst kurzgehaltene Antwort zu verstehen? Warum hat sie erst nach zwei Tagen auf die Mail reagiert?
- Via E-Mail können Sie wesentlich weniger fragen und kaum zusätzliche Informationen gewinnen. Und Sie können die Beziehung zu Ihrem Gegenüber nicht durch verbale und nonverbale Zeichen verbessern.

Spätestens, wenn ein Konflikt komplexer wird, die Mail mehr als dreimal hin und hergegangen ist oder der Text eine ganze Bildschirmseite füllt, ist es an der Zeit, das persönliche Gespräch zu suchen. Das ist zwar unangenehmer, doch der einzig richtige Weg. Sie kommen besser zu einer Lösung, und Sie vermeiden, dass sich der Konflikt durch das ständige Hin und Her und durch Missverständnisse aufschaukelt.

10. Worum geht es genau?

Das Wichtigste in Kürze:

- Ein Konflikt ist eine vielschichtige Angelegenheit. Erst wenn Sie genau wissen, wo die Probleme liegen, können Sie herausfinden, was Sie wirklich brauchen und eine Lösung finden. Analysieren Sie deshalb:
  - Worum geht es inhaltlich genau?
  - Werden in dem Konflikt tieferliegende Bedürfnisse von mir verletzt?
  - Handelt es sich um einen Machtkonflikt?
  - Wie beeinflusst unsere Unterschiedlichkeit den Konflikt?

Beleuchten Sie den Konflikt von allen Seiten

Sobald Sie emotionalen Abstand gewonnen haben und Ihr Gehirn wieder im Denkmodus funktioniert, sollten Sie herausfinden, worum es in dem Konflikt genau geht. Ein Konflikt ist häufig eine vielschichtige Angelegenheit. Oft scheint auf den ersten Blick zwar klar, worum es geht. Vielleicht gibt es wirklich nur eine einzige Ursache, doch aus meiner Erfahrung heraus überlagern sich gerne verschiedene Themen. Die Menschen sehen den Wald vor lauter Bäumen nicht mehr und drehen sich im Kreis. Bevor Sie in die Auseinandersetzung eintreten, versuchen Sie genau zu verstehen, worum es wirklich geht. Legen Sie alle Fakten auf den Tisch und beleuchten Sie diese von verschiedenen Seiten.

Wenn Sie meinen, verstanden zu haben, worüber der Konflikt effektiv entbrannt ist und was Sie inhaltlich und/oder persönlich berührt, können Sie den richtigen Weg aus dem Konflikt finden und in einen konstruktiven Dialog treten.

Worüber ist der Konflikt entbrannt? Die Sachebene

Im beruflichen Bereich haben Konflikte fast immer inhaltliche Ursachen. Manchmal besteht der ganze Konflikt nur daraus, manchmal geht es um zusätzliche Themen wie Gefühle und Macht. Konflikte auf der Sachebene entstehen durch:[31]

Differenzen in der Verteilung von Aufgaben und Ressourcen. Die eine Abteilung ist personell gut dotiert, während die andere mit ihren Ressourcen laufend am Ende ist. Die Mitarbeitenden eines Teams haben Dissonanzen, weil die Aufgabenlast nach Ansicht einiger ungleich verteilt ist. Ein Teil des Teams ist mit schwierigen und uninteressanten Aufgaben betraut, während die anderen sich an einer abwechslungsreichen Tätigkeit erfreuen.

Differenzen in der unterschiedlichen Auffassung von Zuständigkeiten. Die Mitarbeiterin weist eine Aufgabe von sich mit dem Hinweis, dies falle nicht in ihren Zuständigkeitsbereich. Der Außendienst meint, dass die zugeteilte Aufgabe eine Sache des Marketings sei und umgekehrt.

Differenzen in den Zielen. Dem einen Partner eines kleinen Ingenieurbüros schwebt eine Fusion und damit verbundene Vergrößerung der Firma vor, der andere Partner möchte die bisherige Größe und seine Freiheit in den Entscheidungen beibehalten.

Differenzen in den Motiven. Ein Mitarbeiter arbeitet jeden Tag bis weit in den Abend, während sein Kollege pünktlich geht und jede Überstunde aufschreibt. Der eine wirft dem andern vor, sich nicht genug einzusetzen.

Differenzen bei den Werten. Mitarbeitende und Vorgesetzte haben unterschiedliche moralische, religiöse, kulturelle oder ideologische Überzeugungen bzw. Grundsätze. Die Verkäuferinnen eines Spielwarengeschäftes stören sich daran, dass sie gezwungen werden, den Kunden zusätzliche Artikel schmackhaft zu machen, nach denen diese gar nicht gefragt haben.

Sind in dem Konflikt tieferliegende Bedürfnisse bedroht oder verletzt?
Menschen haben als soziale Wesen eine Reihe emotionaler Grundbedürfnisse. In einem Konflikt ist das eigentliche Thema, die offenkundi-
ge Differenz, vielleicht nur die Spitze des Eisberges. Unter der sachli-
chen Oberfläche kann eine Reihe von Bedürfnissen liegen, die durch den
Konflikt bedroht oder verletzt werden. Um die ganze Dimension des Konfliktes zu erfassen, sollten Sie überlegen, ob Sie tieferliegende Bedürfnisse
haben, die durch den Konflikt bedroht sind.[32] Darunter fallen:

Kompetenz: Das Bedürfnis, dass andere uns als fähig, intelligent
oder begabt ansehen und unsere Expertise wertschätzen.

Integrität: Das Bedürfnis, dass andere unsere Würde, unsere Ehr-
lichkeit und unseren guten Charakter schätzen.

Verlässlichkeit: Das Bedürfnis, dass Menschen uns als vertrauens-
würdig, verlässlich und loyal ansehen.

Autonomie: Das Bedürfnis, als unabhängige und selbstständige
Menschen Entscheidungen zu treffen, nicht seiner Freiheit beraubt zu
werden und Grenzen respektiert zu sehen.

Fairness: Das Bedürfnis, gleich behandelt zu werden wie Menschen
in einer vergleichbaren Situation.

Status: Das Bedürfnis, für materielle und immaterielle Dinge wie
Attraktivität, Ruf, Macht und finanziellen Wohlstand Anerkennung zu
erhalten.

Rolle: Das Bedürfnis, dass unsere Rolle, die wir einnehmen, respektiert wird.

Beziehungen und Freundschaften: Das Bedürfnis, als Menschen in
das soziale System eingebunden zu sein und als kooperativer, geselliger
und wertvoller Mensch wertgeschätzt zu werden.

Stabilität und Sicherheit: Das Bedürfnis, uns in klaren und vorher-
sagbaren Strukturen zu bewegen. Unsere Abneigung gegenüber abrup-
ten Veränderungen.

Überlegen Sie zudem, ob einige dieser Bedürfnisse wunde Punkte von Ihnen sind. Wenn Sie sich beispielsweise bei Auseinandersetzungen schnell nicht ausreichend wertgeschätzt oder in Ihrem Status bedroht fühlen, so sollten Sie in Betracht ziehen, dass die Ursache hierfür bei Ihnen selber liegt. Lesen Sie hierzu das Beispiel von Friedrich B. aus Kapitel 3.

Geht es um Macht?

Macht ist ein besonderer Fall. Nicht nur in der Politik, sondern auch am Arbeitsplatz treten Machtkonflikte auf. Schließlich geht es in Unternehmen um hierarchische Positionen und die damit verbundenen Vorteile. Machtkonflikte werden selten offen ausgetragen. Meist verbergen sie sich hinter einer inhaltlichen Auseinandersetzung. Relevantes Wissen wird nicht weitergegeben, aus Angst, die andere Seite könnte davon profitieren. Ideen und Meinungen werden auf Biegen und Brechen durchgesetzt aus Angst vor einem Autoritätsverlust. Im Extremfall wird die andere Seite bewusst geschädigt in der Hoffnung, dass sie dann kündigt. Der Übergang zwischen Machtkonflikten und Mobbing (siehe Kapitel 27) ist fließend.

Wie beeinflusst die Beziehung den Konflikt?

Mit manchen Menschen können wir sachliche Auseinandersetzungen ohne Probleme klären, mit anderen nicht. Es hängt unter anderem davon ab, wie ähnlich oder wie verschieden wir sind und das Problem angehen. Unter Umständen kann ein Konflikt allein dadurch entstehen, dass sich Menschen nicht richtig verstehen. Ausführlich hat dies Teil I thematisiert. Auf der Beziehungsebene sollten Sie folgenden Fragen Aufmerksamkeit schenken:

- Haben wir vielleicht Differenzen in der Persönlichkeit? (vgl. Kapitel 2)
- Haben wir vielleicht unterschiedliche Arten, mit Konflikten umzugehen? (vgl. Kapitel 5)
- Nehmen wir das gleiche Problem vielleicht anders wahr und bewerten es unterschiedlich? (vgl. Kapitel 3 und 5)
- Hat die andere Seite überhaupt einen Konflikt oder handelt es sich für sie vielleicht um eine reine Meinungsverschiedenheit? (vgl. Kapitel 2)
- Reden wir vielleicht aneinander vorbei (Störungen in der Kommunikation, vgl. Kapitel 18)
- Hat der Konflikt seine Ursache überhaupt in den aktuellen Differenzen, oder handelt es sich vielleicht um einen ungelösten Konflikt aus der Vergangenheit, der bei der kleinsten Sache immer wieder aufbricht? (vgl. Kapitel 3)

Ich habe bewusst das Wort „vielleicht" benutzt. Natürlich können Sie nur Mutmaßungen anstellen. Vielleicht liegen Sie auch falsch. Es geht weniger um eine genaue Analyse als um den achtsamen Umgang mit menschlichen Unterschieden. Bleiben Sie deshalb für das Verhalten und die Argumente der anderen Seite offen.

11. Wie weit ist der Konflikt schon fortgeschritten?

Das Wichtigste in Kürze:

- Ein Konflikt kennt verschiedene Eskalationsstufen. Während am Anfang noch die Sache im Vordergrund steht, geht es mit zunehmender Eskalation darum, selber Sieger zu sein und den Gegner sogar dann zu schädigen, wenn es einem selbst schaden sollte.
- Je weniger es noch um die Sache als solche, sondern um das Gewinnen geht, desto verhärteter sind die Fronten und desto schwieriger wird es, den Konflikt zu lösen.
- Prüfen Sie, auf welcher Eskalationsstufe sich der Konflikt befindet. Sollten die Fronten schon sehr verhärtet und eine Deeskalation aus eigener Kraft nicht mehr möglich sein, ziehen Sie einen unabhängigen Dritten (Vorgesetzte, Mediatoren) bei.
- Lassen Sie es nicht zur Eskalation kommen. Je früher der Konflikt gelöst werden kann und je besser die Beziehungen noch sind, desto größer sind die Chancen, eine zufriedenstellende Lösung zu finden.

Konflikte können eskalieren

Gewisse Konflikte sind mit dem Gegenüber relativ einfach zu klären. Andere Konflikte sind dagegen schon so eskaliert, dass sich die Beteiligten nicht mehr in die Augen sehen können. Die Frage, wie weit der Konflikt bereits vorangeschritten und die Beziehung gestört ist, ist wichtig. Denn ab einer bestimmten Eskalationsebene werden keine vernünftigen Gespräche mehr stattfinden. Die Fronten sind dann so verhärtet, dass es nur noch darum geht, der anderen Partei Schaden zuzufügen, notfalls auf eigene Kosten.

Michael M. und Andrea F. sind im Prinzip geschiedene Leute. Dabei waren sie nie verheiratet. Sie haben lediglich einen Job im gleichen Versicherungsunternehmen. Als Andrea F. vor einem Jahr dort anfing, war

Michael M. bereits ein alter Hase im Betrieb. Die Zeit für einen Karriere-
sprung schien gekommen. Dann kam Andrea F. und wurde gleich zur
Teamleiterin befördert. M. war tief gekränkt, widersetzte sich F.s Anwei-
sungen und machte unmissverständlich deutlich, dass er die neue Kolle-
gin für unfähig hält. Michael M. ist jetzt montags immer mal wieder
„krank", wenn sich das Team zur Wochenplanung trifft. Eine Sitzung
unter F.s Leitung – das muss nicht sein.

Er hat schon mit langjährigen Kollegen über das Problem geredet. Sie be-
stärken ihn in seiner Meinung, dass Andrea F. als Teamleiterin nichts tauge.
Bei einem Glas Bier haben sie auch schon mal überlegt, wie sie ihren Vorge-
setzten von F.s Unfähigkeit überzeugen könnten … Auf jeden Fall hat Mi-
chael M. keine Lust mehr, Andrea F. noch in irgendeiner Art und Weise zu
unterstützen und macht nur noch „Dienst nach Vorschrift."[33]

Sie ahnen schon, dass aus diesem Konflikt eine hässliche Geschichte
entstehen kann. Eventuell endet sie sogar im Mobbing. Schleichend
eskaliert ein Konflikt, der seine eigentliche Ursache darin hat, dass Michael M. aufgrund der Entscheidung seines Vorgesetzten in seinem Ego
gekränkt worden ist.

Wie ein Konflikt eskaliert
Der Konfliktforscher Friedrich Glasl hat die Eskalation von Konflikten
systematisch beschrieben. Er unterscheidet drei Phasen mit mehreren Eskalationsstufen. Am Ende werden alle Beteiligten zu Opfern ihrer selbst.[34]

In der *ersten Phase* haben die Beteiligten noch die Chance, den
Konflikt schnell aus der Welt zu schaffen. Zwar sind die Diskussionen
immer spannungsgeladener, doch es geht noch um die Sache. Am Anfang ärgert man sich über den anderen. Man weist ihm oder ihr die
Schuld zu und beharrt auf seinem Standpunkt. Die Zusammenarbeit
funktioniert nicht mehr reibungslos. Mit der Zeit wird die Diskussion
emotionaler. Man redet nicht mehr über Inhalte, sondern hat selbst
recht, und die andere Seite soll das gefälligst einsehen. Weil das natür-

lich nicht funktioniert, hören die Parteien irgendwann auf, über den Konflikt zu reden. Stattdessen machen sie sich gegenseitig die Arbeit schwer und setzen sich unter Druck („Ich erwarte, dass …") oder weichen sich gegenseitig aus.

In der *zweiten Phase* steht nicht mehr die Sache im Vordergrund. Sondern man möchte jetzt als Sieger aus dem Konflikt hervorgehen. Man beginnt, sich bei anderen zu beklagen und Verbündete und Sympathisanten für seine Sache zu suchen. ‚Beweise' sollen die Verfehlungen der anderen Seite belegen. Mit der Zeit schrecken die Parteien auch vor Verleumdungen nicht mehr zurück. Vom Gegenüber wird nur noch wahrgenommen, was ins Feindbild passt. Das gegenseitige Vertrauen ist verloren gegangen. Am Ende der zweiten Phase stehen Drohungen. Vorgesetzte drohen unverhohlen mit Kündigung, Kollegen mit rechtlichen Schritten. Es ist der letzte, meist vergebliche, Versuch, die Eskalation unter Kontrolle zu bekommen.

In der *dritten Phase* des eskalierenden Konflikts haben die Parteien die Distanz zum Konflikt komplett verloren. Es geht nicht mehr darum, als Sieger aus dem Konflikt hervorzugehen. Vielmehr möchte zumindest eine der beiden Parteien der anderen existenziellen Schaden zufügen. Der Gegner wird bloßgestellt, Unterlagen verschwinden, und irgendwann scheint jedes Mittel legitim, um das Ziel zu erreichen. Die andere Seite wird systematisch und ohne Rücksicht gemobbt. Am Ende nehmen die Parteien sogar eigene massive Nachteile in Kauf, um dem Gegner zu schaden. Es gibt keinen Weg mehr zurück.[35]

Überlegen Sie, wo Sie im Konflikt stehen

Wenn Sie den eingangs beschriebenen Konflikt zwischen Michael M. und Andrea F. im Lichte der Eskalationsphasen betrachten, dann werden Sie feststellen, dass eine Angelegenheit, die an und für sich harmlos und alltäglich begann, bereits munter in der zweiten Phase vor sich hin brodelt. Und es ist nicht ausgeschlossen, dass der Konflikt eskalieren wird, wenn M. sich überlegt, wie er F. systematisch schaden könnten.

In der zweiten Phase eines eskalierenden Konflikts können die Parteien bereits nicht mehr konstruktiv miteinander umgehen. Anfeindungen und persönliche Attacken beginnen Inhalte und Positionen zu überwiegen. Überlegen Sie sich deshalb, wo Sie in einem Konflikt stehen. Sobald nicht mehr die Sache im Vordergrund steht, sondern das Bestreben, auf Kosten des anderen Recht zu bekommen, ist ein normales miteinander Umgehen und Lösungen suchen, so wie es in diesem Buch beschrieben wird, kaum mehr möglich. Dann ist die Sache selber und die gestörte Beziehung so stark ineinander verwoben, dass es eine Klärung von dritter Seite braucht. Dies können Vorgesetzte sein oder externe Konfliktlöser in Form eines Mediators bzw. einer Mediatorin.

Die dritte Phase der Konflikteskalation ist die typische Mobbingsituation. Menschen beginnen, andere Menschen bewusst zu schädigen. Unter Umständen verlieren sie jeden Bezug zu der Sache und schädigen sich am Ende sogar selber.

Konflikte möglichst deeskalieren
Versuchen Sie, jegliche Eskalation zu vermeiden. Je besser die gegenseitigen Beziehungen sind, desto größer sind die Chancen auf eine Lösung. Versuchen Sie immer die Sache im Auge zu behalten, um die es geht. Reagieren Sie auf Anfeindungen und unsachliche Reaktionen Ihres Gegenübers nicht emotional, sondern finden Sie Distanz (siehe Kapitel 7). Achten Sie gleichzeitig darauf, nicht einfach um des lieben Friedens Willens nachzugeben. Wenn Sie beschließen, auf den Konflikt nicht einzugehen oder nachzugeben, dann müssen Sie wirklich loslassen. Denn ansonsten lebt er als kalter Konflikt weiter. Und plötzlich finden Sie sich in einer Phase der Eskalation wieder, die keine vernünftige Lösung mehr zulässt. Wann Sie Konflikte vermeiden sollten, lesen Sie im folgenden Kapitel.

12. Müssen Sie den Konflikt überhaupt lösen?

Das Wichtigste in Kürze:
- Im Zweifelsfall sollten Sie einen Konflikt immer ansprechen, statt ihn unter den Teppich zu kehren.
- Nicht jeder Konflikt muss jedoch explizit gelöst werden. Vermeiden Sie Konflikte:
  - Wenn die Sache nicht wichtig ist und die Beziehung zum Gegenüber auch nicht
  - Wenn Sie in einer schlechten Position sind
  - Wenn das eigentliche Problem woanders liegt
  - Wenn es um religiöse, ethnische oder sonstige wertorientierte Themen geht
- Sollten Sie zu den Menschen gehören, die Konflikten am liebsten aus dem Weg gehen, achten Sie darauf, nicht in die Harmoniefalle zu treten.

Im Zweifelsfall den Konflikt ansprechen

Seien wir ehrlich. Es macht den meisten keinen Spaß, sich mit anderen auseinandersetzen zu müssen. Warum also nicht einfach der Sache aus dem Weg gehen? Und in der Tat muss man nicht sofort mit vollem Elan auf einen Konflikt einsteigen. Im Zweifelsfall, so plädiert der Managementberater George Kohlrieser, sollte man einen Konflikt jedoch ansprechen. Hierzu bringt er folgendes Beispiel:[36]

Während ich in Sizilien arbeitete und Konfliktmanagement unterrichtete, besuchte ich gerne und häufig den lokalen Fischmarkt. Wenn die Männer den Fang an Land brachten, legten sie einen Teil der Fische auf einen Tisch und säuberten sie für den anschließenden Verkauf. In kürzester Zeit war der Tisch eine einzige blutige Sauerei. Eines Tages luden mich die Fischermänner ein, selber Hand anzulegen und ich fand mich

mit einer Schürze und einem Messer wieder, um Fische zu säubern.
Plötzlich realisierte ich, was gutes Konfliktmanagement bedeutet: Den
Fisch auf den Tisch zu legen und durch den unangenehmen Prozess des
Saubermachens zu gehen, um hinterher ein großartiges Fischmenü zube-
reiten zu können. Das Saubermachen ist unangenehm, aber wenn man
den ungeputzten Fisch unter dem Tisch lässt, fängt er an zu faulen und
der Geruch wird mit der Zeit immer schlimmer.

Natürlich kann es heikel sein, den Konflikt anzusprechen. Schließlich besteht die Gefahr, dass man unter dem Tisch nicht nur eine ver-
gammelte Sardine, sondern schlimmstenfalls einen lebendigen Hai
vorfindet. Doch irgendwann wird dieser so oder so seinen Weg an die
Oberfläche finden, und dann ist guter Rat teuer:

In einer sozialen Einrichtung wird die Organisationsberaterin zu
einem Team gerufen, das reflektieren möchte, wie die Zusammenarbeit
innerhalb des Teams besser geregelt werden kann. „Nein", wird ihr auf
Rückfrage hin bestätigt, „es gibt keine grundsätzlichen Probleme. Wir
achten auf ein harmonisches Umfeld". Die Organisationsberaterin be-
spricht mit dem Teamleiter die Ziele und plant das Vorgehen. Am Tage
des Workshops stellt die Organisationsberaterin nach dem Konsum von
Kaffee und Croissants den Ablauf des Vormittags vor, steigt in das The-
ma ein – und trifft auf eine Wand eisigen Schweigens. Nach intensivem
Nachfragen ergreift die erste Teilnehmerin das Wort und bricht im zwei-
ten Satz in Tränen aus. Nach und nach wird klar, dass das Team seit
Jahren ungelöste Konflikte mit sich herumträgt, und sich niemand ge-
traut hat, diese früher anzusprechen. Am Ende kann der Konflikt nur
noch so gelöst werden, dass der Leiter des Teams ausgetauscht wird und
zwei Mitarbeiterinnen das Team verlassen.

Vordergründig war in dem Team alles in Ordnung. Doch unter dem
Tisch herrschte, um in den Worten von George Kohlrieser zu bleiben,
eine ziemliche Sauerei. Der Vertrauensverlust war schon so weit fortge-

schritten, dass Teile des Teams nicht mehr zusammenarbeiten konnten. Deshalb sollten Organisationen eine Kultur aufbauen und pflegen, in der Konflikte frühzeitig thematisiert und ausgetragen werden.

Unwichtige Konflikte können vermieden werden
Sollte man Konflikte also nie vermeiden? Doch. Nicht alles und jedes muss geklärt werden. Vermeiden Sie Konflikte, wo Sie den Fisch selber entsorgen können. Werden Sie sich erst darüber im Klaren, wie viel der Konflikt mit Ihnen selbst zu tun hat (vgl. auch Kapitel 10 „worum geht es"). Wie wichtig ist es z. B. für Sie selbst, das irritierende Verhalten einer Kollegin anzusprechen? Wie wichtig ist die Beziehung? Wenn die Sache für Sie nicht wichtig ist und die Beziehung auch nicht, dann sollte man sich nicht damit aufhalten. Die Konfliktberaterin Tammy Lenski erzählt hierzu die folgende eigene Geschichte:[37]

Vor einiger Zeit war ich zusammen mit einer Frau, Anne, in einem Freiwilligenausschuss. In der Zusammenarbeit mit ihr erlebte ich einige Spannungen, weil sie die Dinge nicht so erledigte, wie es vom Vorstand vereinbart war. Sie verpasste Deadlines und engagierte sich auch sonst nicht so richtig. Ihre Probleme hatten keinen direkten Einfluss auf meine Arbeit, doch ich begann mich über ihr Verhalten zu ärgern. Und eines Tages tat sie etwas, was ich als ziemlich hinterhältig empfand. Da ich ihr immer wieder begegnen würde, wollte ich nicht, dass Spannungen diese Momente regieren würden. Ich setzte mich hin und überlegte mir die folgenden drei Dinge:

- *Wo stecke ich mit Anne fest? Sie ist ein Drückeberger. Sie ist passiv aggressiv, indem sie das macht was sie möchte, anstatt zusammenzuarbeiten. Sie ist heimlichtuerisch und manipulativ, weshalb ich ihr nicht trauen kann.*
- *Warum stört es mich? Ich möchte nicht das Gefühl haben, manipuliert zu werden (Autonomie). Ich möchte auch nicht, dass sie eine*

schlechte Arbeit macht, die auf meine Leistung abfärbt (Status). Und schließlich möchte ich nicht, dass meine Intelligenz beleidigt wird (Kompetenz). Denkt sie etwa, ich bin zu dumm oder zu nachlässig, nicht herauszufinden, was sie tut?

- *Was möchte ich in der Situation und was bin ich bereit zu tun? Ich realisiere, dass es mir eigentlich egal ist, ob Anne versucht, mich zu manipulieren. In fünf Jahren wird es völlig irrelevant sein, was heute passierte. Ich setze meine Energie besser da ein, wo es wichtig ist. Es ist auch lächerlich von mir, zu glauben, dass ihre schlechte Arbeit auf meinen Ruf abfärbt. Die Menschen werden meine und ihre Arbeit als das erkennen, was sie ist.*

- *Ich realisiere: Am meisten stört mich ihre Ablehnung. Ist das für mich so wichtig, dass ich sie damit konfrontieren sollte? Nein, ich habe dadurch keine Nachteile. Das einzige, was mir wirklich Schaden bereitet ist, dass ich mich ständig über ihr Verhalten ärgere.*

Das Beispiel zeigt, wie wichtig es ist, in einem Konflikt zu überlegen, worum es wirklich geht und daraus eine Strategie zu entwickeln. Und diese Strategie kann auch darin liegen, aus dem Konflikt auszusteigen.

Vermeiden Sie Konflikte, die unwichtig sind. Wenn Sie einen Konflikt ansprechen, dann sollte auch eine Lösung dabei herausschauen. Nur etwas kommentieren und seinen Ärger zum Ausdruck bringen, nutzt nichts. „Warum lässt der immer seine schmutzigen Tassen neben der Kaffeemaschine stehen? Das regt mich echt auf", sagen Sie verärgert zu Ihrem Kollegen. Tja, warum wohl? Weil er keine Zeit hat, schlampig ist, eine schlechte Kinderstube hat? Sich darüber aufregen bringt Sie nicht weiter. Entweder machen Sie Ihren Frieden mit der Situation und steigen aus dem Konflikt aus, oder Sie sprechen es an. Dabei sollten Sie überlegen: Wie viel haben Sie zu gewinnen, wie viel zu verlieren? Nicht jede banale Sache muss angesprochen werden. Vielleicht finden Sie das Beispiel jetzt etwas sehr weit hergeholt. Aber Sie würden sich wundern, wie viele Konflikte in Organisationen schon um die korrekte Benutzung der Kaffeemaschine entbrannt sind.

Weitere Situationen, in denen der Konflikt vermieden werden sollte
Manchmal haben Sie eine schlechte Ausgangslage. Wenn Sie beispielsweise schon wissen, dass Ihr Vorgesetzter einen bestimmten Vorschlag kategorisch ablehnen wird, macht es wenig Sinn, diesen an der kommenden Sitzung trotzdem vorzutragen. Sie haben wenig bis gar nichts zu gewinnen.

Vermeiden Sie auch Konflikte, in denen es um das sogenannte „Prinzip" geht. Das einzige Kriterium ist – es wurde im vorangegangenen Abschnitt bereits erwähnt – eine Kosten-Nutzen Überlegung. Was habe ich zu gewinnen, was möglicherweise zu verlieren, und wie groß ist der Aufwand (inhaltlich wie emotional), den Konflikt auszutragen.

Oft ist ein Konflikt auch nur Symptom eines anderen Problems – zum Beispiel, wenn Probleme in der Ablaufplanung eines Projektes eine Reihe von Unterproblemen hervorrufen, die den Kollegen Bauchschmerzen bereiten und zu einer angespannten Stimmung führen. Halten Sie sich nicht damit auf, Zeit auf die Bearbeitung der Symptome zu verwenden, bei der Sie alle vom Thema abkommen. Fokussieren Sie lieber auf das eigentliche Problem und seine Lösung.

Schließlich gilt: Vermeiden Sie religiöse und ethnische Themen. Hier geht es um Werte, und unterschiedliche Werte kann man nur respektieren. Man sollte jedoch tunlichst vermeiden, die andere Seite von der eigenen Sicht der Dinge überzeugen zu wollen.[38]

Achtung Harmoniefalle
Menschen, die Konflikte vermeiden, haben oft Angst vor den Konsequenzen. Sie befürchten harsche Reaktionen oder dass sich die Beziehung verschlechtert. Oder sie sind nicht in der Lage, ihre Emotionen zu kontrollieren und vermeiden die unangenehme Situation lieber.

Wenn Sie dazu tendieren, Konflikte zu vermeiden, dann achten Sie darauf, nicht in die Harmoniefalle zu tappen. Wer im Berufsleben bei allen beliebt sein möchte, erreicht genau das Gegenteil. Er oder sie schränkt die eigenen Verhaltensmöglichkeiten massiv ein und verliert den Respekt der Kolleginnen und Kollegen, und auch den der Vorgesetzten.[39] In der Arbeitswelt steht die Wertschätzung im Vordergrund und weniger die persönliche Zuneigung. Jemand, der keine wahrnehmbare eigene Meinung hat und allem und jedem lächelnd zustimmt, wird auf Dauer eher selber belächelt als wertgeschätzt. Im Berufsleben ist es notwendig, auch Grenzen aufzuzeigen und ein eigenes wahrnehmbares Profil zu haben. Insbesondere Frauen laufen Gefahr, in die Harmoniefalle zu tappen, wenn sie das Wohlbefinden der anderen über ihre eigenen Interessen setzen und meinen, sie müssten im Büro für ein gutes Klima sorgen. Wer immer die Harmonie sucht, wird manipulierbar und überlastet sich am Ende selbst.[40]

Ganz problematisch ist es, wenn Harmoniestreben und damit Konfliktvermeidung prägendes Merkmal der Organisationskultur sind (siehe das Beispiel weiter vorn). Soziale Einrichtungen sind diesbezüglich besonders gefährdet. Man möchte nicht die direkte Kultur der Privatwirtschaft, sondern einen netten und harmonischen Umgang miteinander. Dagegen ist grundsätzlich nichts einzuwenden, solange Probleme und Konflikte weiterhin angesprochen werden können. Insbesondere soziale Einrichtungen müssen auf eine gute Konfliktkultur achten.

Wann soll ich nachgeben

Nachgeben ist eine erweiterte Form, den Konflikt zu vermeiden. Nachgeben kann sinnvoll sein, wenn Ihr Chef klar anderer Meinung ist, wenn Sie in einer Gruppe überstimmt werden oder wenn sich abzeichnet, dass Sie Ihre Forderung bzw. Position ohnehin nicht durchsetzen können. Sie können auch nachgeben, wenn Sie anderen Menschen einen Gefallen tun möchten. Oder wenn Ihr eigener Status und Ihr Selbstbewusstsein relativ ausgeprägt sind und Sie es sich leisten können, nachzugeben, um das Selbstvertrauen der anderen zu stärken. Indem Sie nachgeben, ordnen Sie Ihre Ansprüche und Bedürfnisse der anderen Seite unter. Anstatt dass Sie die Beziehung gefährden, erhalten oder bauen Sie Goodwill auf. Manchmal ist das wichtiger als seine eigenen Interessen durchzusetzen.

Sehen Sie erst einmal keinen Konflikt

Man sollte auch nicht allzu empfindlich sein. Nicht alles, was man in den sogenannten „falschen Hals" bekommt, ist so gemeint, wie man es empfängt. Ausführlich hat dies der erste Teil des Buches thematisiert. Menschen sind sehr unterschiedlich und entsprechend unterschiedlich ist ihre Art zu kommunizieren. Machen Sie sich die Annahme zur Regel, dass Ihr Gegenüber Ihnen einfach etwas mitteilen möchte, ohne Sie persönlich zu kritisieren. Fragen Sie nach, bis Sie verstehen, worum es Ihrem Gegenüber wirklich geht (vgl. Kapitel 19).

Wenn Sie vermeiden dann konsequent

Nicht jeder Konflikt muss also bis ins letzte Detail ausdiskutiert werden. Seien Sie jedoch konsequent, wenn Sie aus einem Konflikt aussteigen. Sie lassen den Konflikt nur dann wirklich gehen, wenn Sie mit dem anderen Menschen in Zukunft in einer normalen, unvoreingenommenen Art und Weise kommunizieren können. Und Sie können den Konflikt nur wirklich gehen lassen, wenn die andere Seite dasselbe tut. Wenn Sie sagen: „Das ist mir egal", und Ihrem Gegenüber nicht mehr in die Augen sehen können, sprechen Sie den Konflikt lieber an. Mittel- und langfristig sind Sie damit besser bedient. Idealerweise lösen Sie das Problem und verbessern die Beziehung zu Ihrem Gegenüber.

III. Konflikte als Verhandlung sehen

„Ob Sie es mögen oder nicht, Sie sind ein Verhandler". Dies ist der einleitende Satz zum Harvard Konzept. Roger Fisher und William Ury zeigen darin, wie Menschen in Verhandlungen systematisch vorgehen sollten, um für alle Parteien wirksame und gütliche Ergebnisse zu erzielen.[41]

Die Lösung eines Konfliktes ist in diesem Verständnis nichts anderes als eine Verhandlung. Ich empfehle Ihnen, sich eine berufliche Konfliktsituation einfach wie eine Verhandlung vorzustellen. Sie möchten etwas, Ihr Gegenüber möchte etwas. „Verhandeln" weckt andere Assoziationen als „streiten". Welches Bild taucht bei Ihnen auf, wenn Sie an „verhandeln" denken? Vermutlich Menschen, die professionell an einem Tisch versuchen, ein Problem zu lösen. Welches Bild taucht auf, wenn Sie an zwei oder mehrere Menschen denken, die einen Konflikt austragen und streiten? Vermutlich ein negativeres.

Sehen Sie sich in einem Konflikt als jemanden, der versucht, das Problem professionell zu lösen. Dazu gehört, dass Sie die Lösung des Konfliktes nicht vom Wohlwollen der anderen Seite abhängig machen, sondern sich als Teil der Lösung sehen. Machen Sie sich über die folgenden Dinge Gedanken: Was möchte ich genau erreichen? Welche Alternativen habe ich, wenn der Konflikt nicht gelöst werden kann? Welche Konzessionen bin ich bereit zu machen? Was ist meinem Gegenüber vermutlich wichtig? Wann ist ein Kompromiss angebracht? Wie sieht eine Win-win-Lösung aus? Und wie verhalte ich mich, wenn ich in der stärkeren Position bin?

13. Sie sind Teil des Konflikts und der Lösung

Das Wichtigste in Kürze:

- Einen Konflikt verursachen immer mehrere und damit auch Sie selber.
- Um den Konflikt zu lösen, sind Sie deshalb nicht darauf angewiesen, dass sich die anderen in Ihrem Sinne verhalten. Die Lösung des Konflikts liegt in Ihrer Hand.
- Bereiten Sie sich mit dieser Haltung angemessen vor und gehen Sie nicht unvorbereitet in ein Konfliktgespräch.
- Überlegen Sie, was Ihnen wichtig ist.
- Überlegen Sie, ob sich hinter Ihren vordergründigen Anliegen andere Themen verbergen, welche die eigentliche Ursache des Konfliktes sind.
- Wenn Sie mehrere Anliegen haben, die in dem Konflikt gelöst werden sollen, bringen Sie die Themen in eine Reihenfolge nach ihrer Wichtigkeit.
- Bleiben Sie beim eigentlichen Thema. Verknüpfen Sie den Konflikt nicht mit Themen aus der Vergangenheit, die mit dem aktuellen Thema nichts zu tun haben.

Machen Sie sich nicht von der anderen Seite abhängig

Im lösungsorientierten Coaching gibt es die sogenannten Wunderfrage: Angenommen, über Nacht wäre ein Wunder geschehen und Ihre Probleme wären gelöst, ohne dass Sie es wissen. Woran würden Sie das am nächsten Morgen erkennen? Was würden Sie anders machen, was noch? Woran würden es die anderen erkennen? Der Frage liegt die Annahme zugrunde, dass Menschen die Lösung von Problemen in sich tragen. Aufgrund ihrer momentanen Situation haben sie jedoch keinen Zugang zu ihrem Wissen und ihren Ressourcen. Menschen überlegen sich aufgrund solcher lösungsorientierten Fragen, wie sie weg vom Problem hin zur Lösung kommen (vgl. auch Kapitel 21).[42]

Stellt man Menschen in einer Konfliktsituation diese Frage, funktioniert sie allerdings nicht. Denn die Antwort lautet: Wenn die andere Seite erkennt, was sie falsch gemacht hat, wenn Frau M. endlich aufhört, ständig spitze Bemerkungen zu machen, wenn die Reorganisation rückgängig gemacht wird und der K. verschwindet, wenn der Chef mehr Verständnis für unsere Anliegen hat, wenn … dann hätte ich auch kein Problem.

Menschen, die einen Konflikt haben, tendieren dazu, das Problem beim anderen ausfindig zu machen. Viele Konflikte gehen deshalb mit gegenseitigen Anschuldigungen, seien sie direkt oder indirekt ausgesprochen, einher. Der Kollege, der Vorgesetzte, der Teamleiter macht den anderen für das Problem und den Konflikt verantwortlich und umgekehrt. Es ist sehr verlockend, den anderen für den Konflikt verantwortlich zu machen, denn wer hat schließlich das Argument begonnen, wenn nicht die andere Person? Man fühlt sich angegriffen und gleichzeitig unschuldig. Man ist im Recht, und die anderen sind im Unrecht. Die eigene Wahrnehmung wird zur allgemeingültigen Realität erklärt, und damit ist die Sache klar. Die Quelle des Konflikts ist die andere Seite. Der Konflikt ist folgerichtig dann gelöst, wenn die andern sich so verhalten, wie man selber meint, dass es richtig ist.

William Ury nennt dieses Vorgehen „the blame game", auf Deutsch „das Spiel der gegenseitigen Beschuldigungen".[43] Dieses Spiel verhindert Lösungen und führt zu unnötigen Eskalationen. Und nicht nur das. Es untergräbt insbesondere die eigene Macht. Wenn in Ihren Augen die andere Seite das Problem ist, dann sind Sie darauf angewiesen, dass sich die andere Seite so verhält, wie Sie es möchten, damit alles wieder in Ordnung kommt. Wenn diese sich sperrt, werden Sie von den

Handlungen Ihres Gegenübers abhängig, fühlen sich machtlos und sind in dem Konflikt gefangen.

Akzeptieren Sie, dass Sie Teil des Konflikts sind

Sie sollten deshalb akzeptieren, dass sie beide in den Konflikt involviert sind. Sie sind wie Ihr Gegenüber Auslöser des Konfliktes, denn wenn Sie keine Forderungen stellen würden, hätte die andere Seite auch keinen Konflikt. Ja, Sie sind vielleicht wirklich der Meinung, dass der andere ein Idiot/wenig feinfühlig/egoistisch ist, dass das alles ungerecht ist und Sie nichts zum Entstehen des Konfliktes beigetragen haben. Vermutlich haben Sie auch Verbündete. In Konflikten wenden wir uns bekanntlich gerne an Menschen, die unsere Sicht teilen. Jeder im Büro weiß, dass er ein Idiot ist, sagt die Kollegin. Sie fühlen sich bestätigt. Das tut zwar dem Ego gut, hilft aber nicht weiter. (Zudem ist nicht sicher, ob der andere Mensch wirklich so ein Idiot ist, denn wo Menschen Gruppen bilden, können sie aufgrund des sogenannten „Gruppendenkens" ziemlich falsch liegen[44]). Idiot oder nicht Idiot, Sie müssen sich in diesem Moment mit dem anderen Menschen auseinandersetzen, auch wenn Sie sich „unschuldig" fühlen.

Damit sind Sie aber nicht nur Teil des Konfliktes, sondern auch Teil der Lösung. Sie sind selber handlungsfähig und können Ihren Teil zur Lösung des Konfliktes beitragen.

Gehen Sie nicht unvorbereitet in ein Konfliktgespräch

Angenommen, Sie möchten ein Haus kaufen. Sie werden sich überlegen, wie viel Sie dafür maximal zahlen können und wollen. Sie kennen Ihre Alternativen (am alten Ort wohnen bleiben, günstigere Eigentumswohnung) und wissen, was Ihnen wichtig ist und worauf Sie notfalls verzichten können. Oder Sie sind zu einem Vorstellungsgespräch eingeladen. Sie werden sich überlegen, was Ihre minimalen Lohnforderungen sind und was Ihnen an dem neuen Arbeitsort wichtig ist. In einer Verhandlung geht man nicht unvorbereitet in das Gespräch, sondern überlegt sich, was man möchte, wo man gegebenenfalls Konzessionen machen kann und was man der anderen Seite anbieten kann.

Leider verhalten sich Menschen in Konflikten oft anders. Sie stolpern gewissermaßen in die Konfliktsituation, sprechen unvorbereitet ein konfliktbeladenes Thema an und möchten es sofort ausdiskutieren. Ziel: die andere Seite von der eigenen Position zu überzeugen. Weil das aber auch das Ziel des Gegenübers ist, wird geredet und geredet, die Sache beginnt sich im Kreis zu drehen, die Atmosphäre wird angespannter, Stress macht sich breit. Oder die andere Seite mauert, geht nicht darauf ein oder weicht aus.

Um unproduktive Auseinandersetzungen zu vermeiden, sollte die Vorbereitung auf ein Konfliktgespräch wie die Vorbereitung auf eine Verhandlung sein. Werden Sie sich über ihre eigenen Ziele und Alternativen im Klaren. Zudem hilft es, sich in die Situation des Gegenübers hineinzuversetzen und sich zu überlegen, was ihm oder ihr besonders wichtig ist. Und sogar der Zeitpunkt des Gesprächs sollte nicht zufällig gewählt werden. Wie Sie sich richtig vorbereiten, um dem Konflikt nicht ausgeliefert zu sein, und (im Rahmen der Möglichkeiten) eine gute Lösung erzielen, erfahren Sie im Folgenden.

Was ist Ihnen wirklich wichtig?
Auf den ersten Blick ist die Frage vermutlich einfach zu beantworten. Ich möchte, dass der Konflikt gelöst wird, idealerweise zu meinen Bedingungen. Ich möchte einen höheren Bonus, wenige Überstunden, mehr Anerkennung von meinem Vorgesetzten, mehr Wertschätzung für meine Arbeit, bessere Arbeitsabläufe, klarer kommunizierte Strategien, dass andere mir nicht meine Kompetenzen streitig machen und

sich nicht in meine Arbeit einmischen. So ähnlich könnte der Bedürfniskatalog aussehen.

In Kapitel 10 wurde die Frage thematisiert, worum es in dem Konflikt eigentlich geht. Eng verwoben ist damit die Frage, was Ihnen wirklich wichtig ist. Vielleicht ist es der eigentliche Auslöser des Konflikts, vielleicht aber auch etwas, was unter der Oberfläche liegt. Eigentlich würden Sie problemlos Überstunden machen, da Sie um die Notwendigkeit für das Unternehmen wissen. Aber Sie sind alleinerziehende Mutter und müssen ihr Kind bis spätestens 18 Uhr im Kinderhort abholen. Oder Sie vertragen sehr wohl die inhaltliche Kritik an Ihrer Arbeit, ärgern sich jedoch über die herablassende Art, in der Ihre Kollegin sie äußert. Geht es für Sie wirklich um mehr Geld, oder ist es die damit verbundene Anerkennung, die Sie einfordern? Oder der Statusvergleich mit dem Kollegen, der Ihnen in einer feucht-fröhlichen Runde verraten hat, wie hoch sein letzter Bonus war? Wie stark fühlen Sie sich in Ihrem Bedürfnis nach fairer Behandlung verletzt? Fühlen Sie sich durch die Kritik nicht ausreichend wertgeschätzt? Kommen vielleicht immer wieder alte Verletzungen hoch, weil Sie in der Vergangenheit bei einer Beförderung übergangen wurden?

Gehen Sie zurück zur Checkliste in Kapitel 10 und überlegen Sie genau, was Ihre wahren Bedürfnisse sind und was Sie erreichen möchten.

Bringen Sie Ihre Bedürfnisse in eine Reihenfolge
Wenn Ihnen mehrere Dinge wichtig sind, bringen Sie Ihre Bedürfnisse in eine Reihenfolge: am wichtigsten, am zweitwichtigsten usw. Was, wenn alles wichtig ist? Sie möchten den Bonus und möchten sich nicht so behandeln lassen? Das ist verständlich. Aber wenn Ihnen der Bonus am wichtigsten ist, weil Sie Ihr Hausdach neu decken lassen müssen, dann sollten Sie sich auf das fokussieren und um diesen kämpfen. Oder ist Ihnen die damit verbundene Anerkennung Ihres Arbeitseinsatzes

mindestens genauso wichtig? Dann gibt es unter Umständen noch andere Wege, wie Ihnen die Anerkennung zuteilwerden kann, wenn sich die Bonusverhandlung als schwierig herausstellt. Indem Sie Ihre Bedürfnisse priorisieren, können Sie gezielt darauf hinarbeiten, dass Ihr wichtigstes Anliegen erfüllt wird.

Bleiben Sie beim eigentlichen Thema
Viele Konflikte haben eine Geschichte. Die Beziehung zur Kollegin oder dem Mitarbeiter ist schon längere Zeit nicht mehr die beste, Unstimmigkeiten sind an der Tagesordnung. Bisher haben Sie sich geärgert, jedoch geschwiegen. Als es wieder einen Zwischenfall gibt, ist das Fass voll. Sie sprechen den Konflikt an. Wenn es in der Vergangenheit immer um das gleiche Thema ging (z. B. Ihre Kollegin hat mehrfach eine Deadline verpasst): kein Problem. Was jedoch, wenn Sie sich über verschiedene Sachen geärgert haben und die verpasste Deadline nur das Tüpfelchen auf dem i ist?

Hans K. hat sich über seinen Teamkollegen André M. schon mehrmals geärgert, weil er ihm in Sitzungen über den Mund gefahren ist. Auch war André M. in der Vergangenheit häufig unzuverlässig, bzw. hat die Sachen auf den letzten Drücker erledigt. Bisher hatte Hans K. um des lieben Friedens willens nichts gesagt. Nun ist ein neues Problem aufgetaucht. Es geht um die Umsetzung der neuen Vorgaben, die der Hauptsitz herausgegeben hat. Hans K. und André M. sind in der Angelegenheit absolut unterschiedlicher Meinung. Zudem hat M. den letzten Bericht schon wieder nicht pünktlich geliefert. K. ärgert sich maßlos und beschließt, M. mit seinem Versäumnis zu konfrontieren.

In diesem Konflikt überlagern sich mehrere Themen. Damit stellt sich die Frage, worum es Hans K. genau geht: Dass André M. unzuverlässig ist und so K.s Arbeit blockiert? Was aber wohl nicht so schlimm war, als dass Hans K. es in der Vergangenheit thematisiert hätte. Oder geht es um die inhaltlichen Differenzen? Oder ärgert sich K. über die überhebliche Art von André M.?

In einem Konflikt sollten Sie nur das Anliegen ansprechen, das im Moment im Vordergrund steht. Finden Sie in dieser Sache eine Lösung. Sprechen Sie nicht mehrere Sachen gleichzeitig an, und haben Sie diese auch nicht im Hinterkopf. Wenn Ihr Gegenüber auf Ihre Anliegen abweisend reagiert, achten Sie darauf, dass Ihr Ärger aus der Vergangenheit nicht beginnt, die Situation zu überlagern und Sie mit einem „jetzt reicht's, ich akzeptiere Ihr Verhalten nicht länger" plötzlich auf den Tisch hauen. Damit beschwören Sie eine Eskalation des Konfliktes herauf und werden vom aktuellen Thema abkommen. Die alten Geschichten sind im wahrsten Sinne des Wortes „Geschichte". Ziehen Sie Themen aus der Vergangenheit nur dann heran, wenn sie als Argumente im Zusammenhang mit dem aktuellen Konflikt nützlich sind. Behalten Sie immer den aktuellen Konflikt im Auge, denn dieser muss gelöst werden.

14. Welche Alternativen haben Sie?

Das Wichtigste in Kürze:

- In einem Konflikt sollten Sie sich immer überlegen, welche Alternativen Sie haben, wenn der Konflikt nicht gelöst werden kann. Das Ausarbeiten von Alternativen gehört zum Grundsatz jeder guten Verhandlung.

- Alternativen sind wichtig, damit Sie sich dem Konflikt nicht ausgeliefert fühlen und unter Umständen emotional reagieren.

- Es kann sein, dass Ihnen die Alternativen im Moment nicht gefallen. Aber es sind dennoch Alternativen, wenn auch nicht so gute, wie Sie sich vielleicht wünschen würden.

- Wenn Sie wirklich keine Alternativen haben, dann sollten Sie sich genau überlegen, ob Sie den Konflikt überhaupt ansprechen möchten und was passiert, wenn die andere Seite nicht auf Ihre Vorschläge eingeht.

Was ist Ihr „BATNA"?

Konflikte haben etwas mit Kontrollverlust zu tun. Wie wird die andere Seite reagieren, wird sie auf meine Anliegen und Vorschläge eingehen? Oder wird sie mich womöglich in die Enge drängen? Werde ich das erreichen, was mir wichtig ist? Kontrollverluste stressen und belasten uns. Deshalb sollten Sie die Kontrolle über die Situation behalten, um sachlich bleiben zu können. Sie haben sich bereits überlegt, was Ihnen wirklich wichtig ist und wie weit Sie nötigenfalls bereit und in der Lage sind, Zugeständnisse zu machen. Abgerundet wird das Ganze nun dadurch, dass Sie sich überlegen, welche Alternativen Sie haben, wenn der Konflikt nicht gelöst werden kann.

Die Angelsachsen nennen diese Alternative BATNA. Es ist die Abkürzung für „Best Alternative To Negotiated Agreement", auf Deutsch sinngemäß: „Was ist meine beste Alternative, wenn die Verhandlung scheitert?" Wann immer Sie etwas von einem Menschen wollen, ist es wichtig, diese Alternative im Kopf zu haben. Sie hilft Ihnen, keine Zugeständnisse zu machen, die schlechter sind als Ihr BATNA. Sie gibt Ihnen eine Einschätzung, wie stark Ihre Position in der Auseinandersetzung ist und welches Vorgehen Sie daher wählen sollten (siehe hierzu das nächste Kapitel zur Strategie). Und sie gibt Ihnen Kontrolle, weil Sie wissen, was Sie alternativ machen können, wenn Sie sich mit Ihrem Gegenüber nicht einigen. Nachfolgend zwei Beispiele, wie ein solches BATNA aussehen kann.

Zunächst die klassische Situation eines Konfliktes als Folge einer Reorganisation. Zwei Freundinnen sitzen (geschlechtertypisch) in den Räumlichkeiten einer international operierenden Kaffeekette mit grünem Logo und kommen auf ihre gegenwärtige Situation zu sprechen. Freundin A hat einen Konflikt als Folge der Reorganisation in ihrer Abteilung und klagt Freundin B ihr Leid:

Freundin A: „Seitdem die ganze Abteilung umgestellt wurde, komme ich nicht mehr zur Ruhe. Ein Teil meiner Verantwortlichkeiten wurde dem Mayer übertragen, der neu in unserer Organisation ist. Er ist auf der gleichen Hierarchiestufe wie ich und mischt sich ständig ein."

Freundin B: „Das ist aber ärgerlich. Musstest du denn die Hälfte deiner Verantwortlichkeiten abgeben?"

Freundin A: „Nein. Die wichtigsten Aufgaben und Entscheide liegen nach wie vor bei mir. Aber er versucht seinen Einflussbereich auszudehnen. Und es gibt eben auch Überschneidungen. An jeder Sitzung mischt er sich ein und versucht Sachen an sich zu ziehen. Das nervt."

Freundin B: „Was stört dich denn am meisten? Worüber bist du besorgt?"

Freundin A: „Es stresst mich, dass ich nicht gegen ihn ankomme. Ich rege mich inzwischen schon auf, wenn ich ihn nur sehe. Meine Kollegin-

nen und Kollegen erkennen mich schon nicht mehr wieder. Das macht wirklich keinen Spaß mehr. Und ich habe auch ein bisschen Angst, dass er mich langsam rausdrängt."

Freundin B: „Könnte das denn passieren? Dass er dich rausdrängt?"

Freundin A: „Nein eigentlich nicht. Ich bin schon viel länger da und habe viel mehr Erfahrung."

Freundin B: „Hast du mit ihm gesprochen?"

Freundin A: „Ja einmal, kurz. Aber er sieht das nicht so. Ich muss noch mal das Gespräch mit ihm suchen, aber ich fürchte, da kommt nichts bei raus."

Freundin B: „Was könntest du denn sonst machen, wenn das so weitergeht. Wenn du mit ihm keine einvernehmliche Basis finden kannst?"

Freundin A: „Wie, machen? Gar nichts. Was soll ich denn machen? Ich brauche den Job! Wo finde ich eine Teilzeit-Führungsposition und habe noch Zeit für meine Kinder? Das ist ja das, was mich so stresst. Ich bin in der Falle.

Freundin B: Ich verstehe natürlich, dass dich die Dinge stressen. Aber sitzt du wirklich in der Falle? Lass uns mal überlegen, was deine Möglichkeiten sind: Du kannst dich mit der Situation aussöhnen und es einfach geschehen lassen, solange deine Position nicht in Gefahr ist. Du kannst natürlich auch weiter gegen ihn kämpfen, aber das könnte deinem Ansehen schaden. Du kannst abwarten, vielleicht verschwindet er ja wieder. Oder es gibt eine weitere Reorganisation, weil andere das Problem auch erkennen. Und ob du wirklich keinen anderen Job findest bei deiner Qualifikation, wenn alle Stricke reißen?"

Freundin A: „Hmm. Stimmt schon. Es ist eigentlich halb so schlimm. Einfach nervig. Ich werde noch mal mit ihm reden, vielleicht finden wir ja doch eine Lösung. Und vor allem muss ich aufhören, mich so aufzuregen ... Komm wir gehen einen Prosecco trinken ..."

Und noch ein weiteres Beispiel, diesmal die klassische Situation einer Lohnverhandlung.[45]

Zwei Freunde sitzen (geschlechtertypisch) ... in einer Kneipe. Der eine (Freund A) versucht gerade, von seiner Firma bessere Konditionen zu erhalten. Freund B hat sich neulich in einem Kurs für Verhandlungsführung fit gemacht:

Freund A: „Ich bin sehr froh, dass mir die Firma X ein Angebot gemacht hat, aber es ist nicht besonders toll. Ich möchte einen höheren Lohn, bessere Sozialleistungen und eine Gewinnbeteiligung. Alle meine Kollegen erhalten das."

Freund B: „Was wirst du tun, wenn sie nicht darauf eingehen?"

Freund A: „Was meinst du?"

Freund B: „Wie viele Angebote hast du noch?"

Freund A: „Nur das eine. Aber es ist eine gute Firma."

Freund B: „Hast Du schon mal den Begriff „BATNA" gehört? Die beste Alternative zum verhandelten Ergebnis? Die Quelle deiner Macht ist in einer Verhandlung deine Möglichkeit, ohne Ergebnis wegzugehen. Es ist die Macht deiner Alternativen."

Freund A (erregt): „Ich habe keine Alternativen."

Freund B: „Immer mit der Ruhe. Du hast ein BATNA. Du hast immer ein BATNA. Was du sagen möchtest, ist, dass es nicht sehr attraktiv ist. Aber du hast eines. Wenn sie dir kein attraktives Angebot machen, dann kannst du weitersuchen. Es gibt schließlich noch andere Unternehmen."

Freund A: „Na ja, toll ist das gerade nicht. Aber du hast recht. Warum ist eigentlich das Bier schon wieder leer ...?"

Es gibt fast immer eine Alternative

Beiden Situationen ist eines gemeinsam: Die Betroffenen gehen davon aus, dass sie den Konflikt lösen müssen und denken, keine Alternativen zu haben, wenn es nicht gelingt. Doch wenn Sie genau nachdenken, dann haben Sie fast immer eine Alternative, sollten die Gespräche mit Ihrem Gegenüber scheitern. Sie können Ihren Frieden mit der Situation machen. Sie können einen neuen Job suchen oder versuchen, innerhalb des Unternehmens zu wechseln. Vielleicht hilft auch eine räumliche Trennung, sofern möglich. Sehen Sie die Alternative auch nicht nur im Moment, sondern berücksichtigen Sie die Zeit. Vielleicht finden Sie im Moment keine Lösung und sehen keinen Ausweg. Aber in einem Monat oder einem halben Jahr kann die Sache ganz anders aussehen.

Ohne Alternative können Sie in die Ecke gedrängt werden
Sobald Sie eine Alternative haben, können Sie, insbesondere wenn es während der Auseinandersetzung emotional wird, die Situation einordnen und sachlich bleiben. Wenn Sie denken, Sie haben keine Alternative, fühlen Sie sich irgendwann von der anderen Seite in die Ecke gedrängt. Und dann setzen jene emotionalen Prozesse ein, die Kapitel 6 beschrieben hat. Sie reagieren mit Ihrem emotionalen Teil des Gehirns, das die Option Angriff, Flucht oder auch Erstarrung wählt. Häufig beginnen Menschen in dieser Situation, die andere Seite für ihre schlechten Alternativen verantwortlich zu machen. Der andere ist schuld. Sein Verhalten hat zu dem Konflikt geführt. Wenn er oder sie nicht so unnachgiebig wäre, hätten wir das Problem schon lange lösen können. Der Konflikt schaukelt sich hoch.

Was, wenn die Alternativen schlecht sind?
Manchmal sind die Alternativen in der Tat nicht sonderlich verlockend. Vielleicht sind Sie 57 Jahre alt und arbeiten in einer Branche, die seit geraumer Zeit mehr Personal ab- als aufbaut. Oder Sie sind zwar Experte in einem Unternehmen und finden den Bonus der letzten zwei Jahre lausig, sind aber so hoch spezialisiert, dass Sie für einen besser

bezahlten Job den Ort wechseln müssten und Ihre kleinen Kinder haben sich gerade integriert?

Sie haben in einem Konflikt sicher nicht immer die besten Karten, aber selten gar keine. Es ist gut möglich, dass Ihnen die Alternativen nicht gefallen. Denken Sie dann daran, dass es trotzdem Alternativen sind. Wenn die Alternativen so schlecht sind, dass sie für Sie nicht in Frage kommen, müssen Sie die Situation leider so akzeptieren, wie sie ist. Wenn Sie wenig Verhandlungsmacht haben, sollten Sie sich überlegen, ob Sie überhaupt in die Auseinandersetzung eintreten möchten. Bevor Sie die Beziehung zu Ihrem Gegenüber aufs Spiel setzen und riskieren, dass der Konflikt ungelöst bleibt, ist es besser, den Konflikt (oder genauer die eigenen Ansprüche) aufzugeben.

15. Auf welche Lösung sollen Sie hinarbeiten?

Das Wichtigste in Kürze:

- Ziehen Sie in Betracht, dass hinter den Reaktionen und Positionen Ihres Gegenübers andere Interessen stecken können. Setzen Sie sich zum Ziel, so viel wie möglich darüber herauszufinden, was der anderen Seite wichtig ist.

- Seien Sie sich bewusst, dass das Ergebnis eines Konfliktgesprächs nicht nur in Ihrer Hand liegt, sondern auch davon abhängt, wie weit die andere Seite bereit ist, sich zu öffnen und mit Ihnen nach guten Lösungen zu suchen.

- Ziehen Sie einen Kompromiss in Betracht, wenn sich abzeichnet, dass es keine Win-win-Lösung gibt, Sie den Konflikt rasch lösen müssen oder das Gerangel um Positionen die Beziehung zum Gegenüber bedroht.

- In gewissen Situationen ist es angebracht, seine Anliegen durchzusetzen, auch wenn es auf Kosten der momentanen Beziehung geht: Als Führungskraft bei entscheidenden oder unpopulären Maßnahmen, wenn Sie ein Team führen und die Gruppe keinen Konsens erzielen kann, in Krisensituationen, in denen Autorität gefordert ist.

- Wenn Sie sich durchsetzen, machen Sie es behutsam und mit Respekt und erklären Sie Ihre Motive.

- Lassen Sie die andere Seite nicht spüren, dass diese schlechte oder keine Alternativen hat.

Drei mögliche Strategien

Wenn Sie zu dem Entschluss gekommen sind, dass Sie den Konflikt lösen müssen und möchten, dann stellt sich die Frage, welche Strategie Sie wählen sollten. Sie können anstreben, sich durchzusetzen, auf einen

Kompromiss hinarbeiten oder versuchen, mit Ihrem Gegenüber eine Lösung zu finden, bei der mehr möglich ist als ein reiner Kompromiss.

Wann sollten Sie sich durchsetzen?

Wenn man in der stärkeren Position ist, ist es verlockend, den Prozess abzukürzen und etwas in der Art zu sagen „Fertig, Schluss. Die Sache ist klar. Darüber müssen wir nicht mehr länger reden". Oder unnachgiebig zu sein und die Vorschläge der anderen Seite zu ignorieren. Wenn Sie erkennen, dass die andere Seite vermutlich „schlechte" Karten hat, entscheidet einmal mehr die Beziehung zu Ihrem Gegenüber, inwieweit Sie sich durchsetzen sollten.

Sofern es sich nicht um Führungsentscheide handelt, sollten Sie allerdings sorgfältig überlegen, ob Sie sich durchsetzen möchten. In einem Konflikt unter Kollegen riskieren Sie mit Ihrem unnachgiebigen Verhalten nicht nur suboptimale Ergebnisse, sondern auch angespannte Beziehungen. Wenn Sie sich durchsetzen müssen, dann versuchen Sie, die andere Seite von Ihren Argumenten zu überzeugen. Erklären Sie Ihre Motive, begegnen Sie Ihrem Gegenüber respektvoll und versuchen Sie, die Beziehung nicht zu beschädigen. In Konflikten am Arbeitsplatz haben Sie es in der Regel mit Menschen zu tun, denen Sie immer wieder, wenn nicht sogar täglich begegnen. Setzen Sie diese Beziehungen nicht leichtfertig aufs Spiel.

Sie sind nicht der „Kuscheltyp"? Für Sie geht es um die Sache und nicht um die Beziehung? Das mag sein und vielleicht sind Ihnen Beziehungen auf der menschlichen Ebene nicht so wichtig (wobei ich das bezweifeln würde). Sie sollten aber bedenken, dass Sie vielleicht ein anderes Mal etwas von dem Menschen brauchen oder sonst wie auf ihn angewiesen sein werden. Nicht nur Elefanten, sondern auch Menschen können empfindlich reagieren, wenn sie gedrängt werden, und vergessen das nicht zu schnell.

Zudem verweigern sich Menschen, die in die Ecke gedrängt werden, unter Umständen einer Lösung, selbst wenn es für sie von Nachteil ist. Dann nämlich, wenn sie das Ergebnis als unfair erachten. Das Gefühl für Fairness hat sich aus der überlebenswichtigen Tatsache herausgebildet, dass Menschen auf die Zusammenarbeit mit anderen angewiesen sind. Kooperation kann nur stattfinden, wenn alle Beteiligten davon ausgehen, dass die Erträge und Gewinne auch geteilt werden. Menschen haben ein feines Gespür, wenn eine Seite jeglichen Altruismus beiseitelässt und sind bereit, es zu sanktionieren. Experimentell zeigt dies das sogenannte „Ultimatumspiel"[46]. Eine Person erhält einen Geldbetrag, z. B. 100 Franken, den sie mit einer anderen Person teilen kann. Wenn die andere Seite dem Vorschlag nicht zustimmt, erhalten beide nichts. Schaut man sich nur das Ergebnis an, dann könnte man meinen, dass eine Aufteilung von 9:1, bei der die andere Seite immer noch 10 Franken erhält, besser ist als gar nichts. In Experimenten erachteten die Beteiligten eine solche Aufteilung aber als unfair. Lieber verzichteten sie auf die 10 Franken, um den anderen für das unfaire Verhalten zu bestrafen. Beträge unter 30 Franken wurden in Experimenten abgelehnt.[47]

Selbst wenn die andere Seite auf Ihren Goodwill angewiesen ist, versuchen Sie deshalb, Fairness walten zu lassen. Zudem werden Sie den anderen im beruflichen Umfeld – anders als im Ultimatum Spiel – voraussichtlich immer wieder über den Weg laufen.

Sie sollten sich deshalb nur durchsetzen, wenn Sie sich in einer Position befinden, in der das von Ihnen erwartet wird. Etwa, wenn Sie über mehr Informationen als die anderen verfügen und/oder unpopuläre Maßnahmen ergriffen werden müssen. Auch in einer Krisensituation oder einem Notfall, in dem die Zeit zum Ausdiskutieren fehlt und rasche Entscheidungen zu treffen sind, muss sich die Person mit der höchsten Autorität rasch durchsetzen können. Desgleichen, wenn innerhalb einer größeren Gruppe die Meinungen oder Bedürfnisse so voneinander abweichen, dass kein Konsens erzielt werden kann und die verschiedenen Ansichten drohen, den ganzen Prozess zu gefährden. Problematisch wird es, wenn Sie sich durchsetzen und die Mehrheit nicht mehr hinter sich wissen. Dann nimmt das „sich durchsetzen" autokratische Züge an und sorgt für Missstimmung bis hin zur Verweigerung.

Wann sollten Sie einen Kompromiss in Betracht ziehen?
Ein Kompromiss ist vermutlich die am häufigsten gewählte Lösung. Beide Seiten geben etwas nach und damit auf. Die Beziehung bleibt gewahrt, da alle Beteiligten von ihrer ursprünglichen Position abrücken. Ein Kompromiss erlaubt allen, das Gesicht zu wahren, die eigene Integrität aufrecht zu erhalten und sich nicht gedemütigt zu fühlen. Das ist wichtig in einem Arbeitsumfeld, in dem die Parteien sich immer wieder über den Weg laufen und zukünftig auf Projekten zusammenarbeiten müssen.

Ein rascher Kompromiss ist sinnvoll, wenn der Konflikt komplex ist und gleichzeitig schnell gelöst werden muss. Oder wenn es sich um eine Angelegenheit von untergeordneter Bedeutung handelt, die es nicht wert ist, langwierig Lösungen zu suchen, die vielleicht ein klein wenig besser sind als der reine Kompromiss. Schließlich liegt nicht mehr als ein Kompromiss drin, wenn es um eine Angelegenheit geht, bei der ein „fixer Kuchen" verteilt werden soll. Wenn Sie in einem türkischen Basar mit dem Händler um einen Teppich feilschen (und Sie kein Interesse haben, dass er Ihnen als Zusatzgeschenk für den geforderten Preis noch einen staubigen Tischläufer gibt), dann befinden Sie sich in einer sogenannten Win-loose-Situation: Was Sie gewinnen, verliert die andere Seite und umgekehrt. Vermutlich werden Sie sich dann irgendwo in der Mitte einigen.[48] Wenn Sie sich mit Ihrem Geschäftspartner über die

Aufteilung des letztjährigen Gewinns auseinandersetzen, dann ist das Ergebnis ebenfalls ein Kompromiss: Wie viel bekomme ich vom Kuchen, sprich Gewinn, und wie viel der andere.

Ist der Kompromiss damit der Königsweg der Konfliktlösung? Kompromisse sind in Ordnung, weil sie die Beziehung nicht bedrohen und den Konflikt rasch aus der Welt schaffen. Das Ergebnis ist eben immer ein ... Kompromiss, mit dem beide Seiten leben müssen. Bevor Sie in wichtigen Angelegenheiten in einen Kompromiss einwilligen, sollten Sie herausfinden, ob nicht eine Lösung möglich ist, bei der die Bedürfnisse beider Seiten besser befriedigt werden als bei einem reinen Geben und Nehmen.

Was ist eine Win-win-Lösung?

Eine Win-win-Lösung bedeutet, dass der Gewinn/Erfolg/Vorteil der einen Seite nicht gleichzeitig der Verlust/Misserfolg/Nachteil der anderen Seite ist. Vielmehr gelingt es, eine Lösung zu finden, die beiden Seiten dient. Das kann auch bei einem Kompromiss erreicht werden. Doch im Gegensatz zum Kompromiss, wo jede Seite etwas aufgibt, profitieren bei einer Win-win-Lösung beide Seiten von der Lösung.

Dem liegt die Überlegung zugrunde, dass hinter den Positionen der anderen Seite ganz andere Beweggründe und Interessen stecken können, als auf den ersten Blick ersichtlich. Und vielleicht liegt in einer Angelegenheit zwar im Moment nicht mehr drin als ein Kompromiss, doch man kann andere Anliegen dazu nehmen und auf diese Weise das Verhandlungsspektrum erweitern. Sie sollten also immer versuchen, herauszufinden, ob noch andere Gründe und Interessen hinter den Positionen der anderen Seite stehen.[49]

Es ist Montagmorgen, und Sie besprechen in Ihrer Abteilung die Präsentation vor der Geschäftsleitung über die neue Asienstrategie. Das Team um Erik F., einem engagierten Mitarbeiter Anfang 50, hat viel Zeit

*investiert, und die Arbeit war – soweit Sie gehört haben – nicht einfach.
Überhaupt waren die letzten Monate eine schwierige Zeit. Ihr Unternehmen hat eine Übernahmeschlacht abgewehrt, was mit viel Arbeit und Aufregung verbunden war. Nun steht es kurz vor der Übernahme durch einen amerikanischen Mitbewerber. Was das genau bedeuten wird, weiß im Moment niemand.*

Die Präsentation ist soweit okay, aber es fehlen aus Ihrer Sicht noch einige Details. Als Sie dies Herrn Erik F. sagen, wird er rot im Gesicht und beginnt erregt zu argumentieren: Was er an Zeit hineingesteckt habe, dass die Aufgabe nicht klar zugeteilt wurde und dass er sich in ungerechtfertigter Art und Weise kritisiert fühle. Der Rest schaut betreten in die Runde. Was ist passiert? Haben Sie Ihre Kritik falsch herübergebracht? Oder soll sich der F. gefälligst nicht so anstellen?

Sie beschließen, mit Erik F. bilateral zu sprechen und überlegen sich im Vorfeld, welchen Grund die Reaktion von F. gehabt haben könnte: Vielleicht ist er schlicht überfordert. Vielleicht findet er, dass seine Bemühungen nicht richtig anerkannt und seine Fähigkeiten und sein Einsatz nicht hinreichend gewürdigt werden (Verletzung von Respekt, Status, Anerkennung). Oder er sieht durchaus den inhaltlichen Punkt, fühlte sich aber vor den anderen bloßgestellt (Verletzung des sozialen Bedürfnisses). Oder hat er aufgrund der drohenden Übernahme Sorge, dass sein Arbeitsplatz in Gefahr ist (Verletzung des Bedürfnisses nach Schutz und Sicherheit) und panische Angst, etwas falsch zu machen?

Erik F. filtert hier die empfangenen Informationen und bewertet sie aufgrund seiner Erfahrungen, Bedürfnisse, Sorgen und auch wunden Punkten. Seine Reaktion ist nur die Spitze des Eisberges und hat mit Ihrer Kritik unter Umständen gar nichts zu tun. Unter der Oberfläche können sich andere Interessen und Bedürfnisse hinter der eingenommenen Position verbergen. Wenn Sie dies berücksichtigen, sind Sie nicht versucht, die vordergründige Reaktion als die einzig relevante anzusehen.

Wie kann eine Win-win-Lösung aussehen?

Das klassische Beispiel ist der Streit zweier Schwestern um eine Orange: Zwei Schwestern streiten sich um eine Orange und beschließen, diese in der Mitte durchzuschneiden, damit beide je eine Hälfte bekommen. Da fragt die Mutter, was sie denn mit der Orange eigentlich anstellen möchten. „Ich möchte den Saft", sagt die eine Schwester. „Ach wirklich?", sagt die andere Schwester erstaunt. „Ich möchte die Schale für einen Kuchen verwenden."

Das Beispiel zeigt, wie das Gewinnen von Informationen zu einer Lösung führt, die für beide Seiten optimal ist. Nun werden Sie sich in Ihrem Büro oder mit Kunden kaum um eine Orange streiten. Zudem ist es ein recht plakatives Beispiel für eine Situation, in welcher der volle Gewinn für beide Seiten enthalten ist. Und doch gibt es mehr Situationen, als man gemeinhin meint, in denen die Bedürfnisse beider Seiten berücksichtigt werden können, wenn diese die richtigen Informationen erhalten.

Ein kleiner Softwarehersteller hat für einen Kunden, sagen wir ein größeres Autohaus am Platz, eine maßgeschneiderte Software erstellt. Die Aufgabe war komplex, aber das Team ist der Überzeugung, die Aufgabe gut gelöst zu haben. Als es um die Zahlung geht, kommt die unangenehme Überraschung: Der Kunde bestreitet, dass die Software funktioniert und betont, wie schlecht das gelieferte Produkt sei. Unter dieser Begründung verweigert er die Zahlung des vereinbarten Restbetrages. Der Softwarehersteller ist sprachlos und auch wütend. So lässt er nicht mit sich umspringen! Das Treffen, an dem beide Seiten versuchen, den anderen von der eigenen Position zu überzeugen, scheitert. Der Softwarehersteller sieht keinen anderen Weg, als vor Gericht zu seinem Geld zu kommen. Dass dies Monate dauern kann, nimmt er in Kauf. Auch, dass nach Abzug der Anwaltskosten nicht mehr allzu viel Gewinn übrig bleiben wird. Schließlich geht es auch ums Prinzip!

Es mag schwierig erscheinen, in dieser Situation auf den ersten Blick gemeinsame Interessen zu entdecken. Und doch hätten sie bestanden. Denn inhaltlich ging es für das Autohaus nur um eine kleine Nachbesserung. Das Problem lag woanders: In den letzten Monaten waren, bedingt durch den Wechselkurs, die Umsätze eingebrochen. Das Autohaus suchte nach Möglichkeiten, Zahlungen aufzuschieben, und da kam ihm die nicht funktionierende Software gerade recht. Der Softwarehersteller seinerseits hatte weniger mit der ausstehenden Zahlung ein Problem als mit der Kritik an seinem Produkt. Hätten beide Seiten richtig miteinander kommuniziert, dann hätten sie die wahren Interessen aufdecken können, die da waren: Anerkennung und Zahlungsaufschub.

Gegensätzliche Positionen müssen folglich nicht automatisch gegensätzliche Interessen bedeuten. Gehen Sie in einem Konflikt zunächst davon aus, dass Sie eine Lösung erzielen können, von der beide profitieren, und dass diese Lösung nicht offensichtlich sein muss. Ein guter Dialog und die richtigen Frage- und Gesprächstechniken (siehe hierzu Teil IV) ermöglichen es Ihnen, eventuell verborgene Interessen zu erkunden.

Gleichzeitig sind der Win-win-Lösung Grenzen gesetzt. Ob Sie eine Lösung finden, die für beide Seiten mehr ist als ein reiner Kompromiss, liegt nicht nur in Ihrer Hand. Es setzt ein gewisses Vertrauen voraus, sich der anderen Seite zu öffnen, und diese muss das Gleiche tun. Es hängt auch vom Thema des Konflikts ab. In gewissen Fällen liegt einfach nicht mehr drin als ein Kompromiss. Und manchmal fehlt die Zeit, sich auf einen langwierigen Dialog einzulassen. Voraussichtlich werden Sie immer wieder Kompromisse haben. Entscheidend ist, dass Sie in jedem Konfliktdialog von der Hypothese ausgehen, dass eine gute Lösung eventuell ganz anders aussieht, als Sie es auf den ersten Blick gedacht hätten.

16. Lösen Frauen Konflikte anders?

Das Wichtigste in Kürze:

* Mit der Hierarchieebene ändern sich unabhängig vom Geschlecht die Konfliktstile. „Kämpfen" und „Zusammenarbeiten" nehmen zu, während hauptsächlich die Konfliktvermeidung abnimmt, ebenso wie (wenn auch nicht ganz so deutlich) der Kompromiss sowie das Nachgeben.
* Männer bevorzugen den Konfliktstil „Kämpfen" auf allen Hierarchiestufen signifikant häufiger als Frauen.
* Es kann, muss jedoch nicht zwingend eine spezifische weibliche Eigenschaft sein, weniger für die eigenen Vorteile zu kämpfen.
* Frauen, die fordernd auftreten, werden als sozial weniger kompetent und als nicht liebenswert angesehen. Frauen, die Normen vom traditionell weiblichen Verhalten verletzen, riskieren damit, einen Nachteil zu erleiden.

Männer wählen öfters als Frauen den Konfliktstil „Kämpfen"
Männer sind anders, Frauen auch. Seit den Büchern von John Gray zu den Geschlechterunterschieden ist allgemein anerkannt, dass Mars und Venus ganz schön weit auseinanderliegen. Wie sieht es daher mit der Lösung von Konflikten am Arbeitsplatz aus? Verhalten sich Frauen anders als Männer? Um nicht in die Falle von Geschlechterstereotypen zu tappen, hilft ein Blick in die neueste Forschung. Kenneth W. Thomas, der den Test zu den unterschiedlichen Konflikttypen entwickelt hat (siehe Kapitel 5) hat gemeinsam mit zwei Forscherinnen Daten aus 400 Tests zu den Konflikttypen in den USA ausgewertet (200 waren Männer und 200 waren Frauen). Genauer gesagt haben sie untersucht, ob und wie das Konfliktverhalten von Männern und Frauen auf verschiedenen Organisationsebenen (von Einstiegspositionen bis hin zur obersten Führung) voneinander abweicht.[50]

Zunächst haben sie festgestellt, dass sich das Konfliktverhalten unabhängig von den Geschlechtern auf den verschiedenen Hierarchieebenen unterscheidet. Mit der höheren Position in der Unternehmenshierarchie nehmen die Konfliktstile „Kämpfen" und „Zusammenarbeiten" zu, während hauptsächlich die Strategie, Konflikte zu vermeiden, abnimmt. Auch suchen Männer wie Frauen auf höheren Hierarchieebenen weniger den Kompromiss, und sie geben weniger rasch nach. Ob dieses Verhalten mit den Anforderungen an die höhere Hierarchiestufe einhergeht oder ob in erster Linie Menschen mit diesen Konfliktstilen höhere Hierarchien erklimmen, muss offenbleiben.

Was nun den Unterschied zwischen Männern und Frauen anbelangt, gibt es in einem Punkt ein klares Ergebnis: Der Konfliktstil „Kämpfen" ist bei den Männern auf allen Hierarchieebenen statistisch signifikant deutlicher vertreten als bei den Frauen.

Frauen mit „männlichem" Konfliktverhalten haben Nachteile

Männer neigen mehr dazu, den Weg des „Kämpfens" zu wählen. Man könnte leicht geneigt sein, dieses Ergebnis als evolutionsbiologisch einleuchtend anzusehen: Männer gingen auf die Jagd und kämpften mit wilden Tieren, während sich die Frauen zu Hause liebevoll um den Nachwuchs kümmerten. Das mag so sein, aber im Berufsleben gibt es noch einen anderen, wesentlich interessanteren Punkt: Frauen kämpfen weniger stark für ihre Vorteile, weil sie die (berechtigte) Angst haben, dass ihnen dieses Verhalten zum Nachteil gereicht.

Eine Reihe von Experimenten zeigt, dass Frauen eine signifikante Rückweisung erfahren, wenn sie sich in Verhandlungen durchsetzen. Die Forscherinnen Linda Babcock, Hannah Riley Bowles und Lei Lai stellten weiblichen und männlichen Probanden die Aufgabe, sich vorzustellen, sie seien Senior Manager, die einen internen Kandidaten bzw. eine interne Kandidatin für eine Position innerhalb des Unternehmens auswählen. Hierzu betrachteten die Probanden Videoaufnahmen von

Job- und Lohnverhandlungen. Die Probanden waren signifikant weniger gewillt, mit einer Bewerberin zusammen zu arbeiten, die über ihr Gehalt verhandelte, als mit einer, die dies nicht tat. Die weiblichen Probanden äußerten diese Vorbehalte auch gegenüber männlichen Kandidaten. Die männlichen Probanden hingegen hatten nur Vorbehalte bei den Frauen, nicht aber bei den Männern. Probanden beider Geschlechter erachteten die fordernden Frauen als weniger nett.[51]

Frauen, die zu ihren eigenen Gunsten in Verhandlungen fordernd auftreten und soziale Normen von traditionell weiblichem Verhalten verletzten, riskieren somit einen Nachteil. Wie stark dies zum Tragen kommt, hängt nicht zuletzt von der Organisationskultur ab. Das Problem besteht im Übrigen nur, wenn es um Dinge in eigener Sache geht (z. B. eine Lohnerhöhung). Frauen die fordernd zugunsten von anderen auftreten, erhalten mehr positive Reaktionen. Interessanterweise werden sie gleichzeitig als zu schwach kritisiert, wenn sie in einer solchen Situation zu wenig fordernd sind.

Bedeutung für die Konfliktlösung

In den Experimenten stand die Strategie des „Sich-Durchsetzens" im Vordergrund. Wie in Kapitel 15 erwähnt, sollte diese Strategie in einem Konflikt ohnehin nur in ausgewählten Situationen verfolgt werden. Stattdessen sollte die Zusammenarbeit auf eine gemeinsame Lösung im Vordergrund stehen. Auch wird das korrekte Verhalten nicht nur vom Geschlecht, sondern insbesondere von der Situation, den beteiligten Akteuren und der Organisationskultur bestimmt.

Dennoch sollten Frauen die Ergebnisse im Hinterkopf behalten. Vor allem sollten sie nicht davon ausgehen, dass ihnen unnachgiebiges Verhalten Vorteile bringt. Frauen sollten vielmehr auf eine gute Vorbereitung, eine klare Strategie und einen wertschätzenden Umgang mit der anderen Seite setzen, um in einem Konflikt als sozial kompetent wahrgenommen zu werden, ohne die eigenen Interessen hinten anstellen zu müssen.

IV. Gut kommunizieren

Kommunikation ist eine Kunst, die so alt ist wie die Sprachfähigkeit des Homo sapiens. Mag bei unseren Vorfahren anfänglich noch Gestammel vorgeherrscht haben, entwickelte sich über die Jahrtausende unsere differenzierte Sprache – und damit begannen die Missverständnisse. Oder wie André Gide, ein französischer Schriftsteller (1869–1951) vermerkte: „So geht es oft mit einer Unterhaltung: Nach einer Weile vergeblicher Auseinandersetzung merkt man, dass man gar nicht von derselben Sache gesprochen hat." Kommunikation heißt deshalb nicht nur reden, sondern vor allem auf sein Gegenüber einzugehen. Es bedeutet, den virtuellen Raum zu schaffen, in dem sich die andere Seite öffnet, zu verstehen, was er oder sie wirklich sagen möchte, und auch in schwierigen Situationen das Ziel nicht aus den Augen zu verlieren.

In diesem Teil erfahren Sie, worauf Sie im Dialog mit Menschen achten müssen, warum zuhören wichtiger ist als selbst zu reden und wie Sie richtig fragen, um viele Informationen zu gewinnen. Des Weiteren wird auf schwierige Situationen eingegangen.

Jedes Gespräch benötigt eine Struktur. Für Konfliktgespräche empfiehlt sich eine Struktur, die sich an Mediationsgesprächen orientiert. Diese Struktur finden Sie als erstes im folgenden Kapitel. Sie bildet den Rahmen eines Konfliktgespräches, den Sie mithilfe der verschiedenen Gesprächstechniken anschließend füllen können.

17. Struktur und Ablauf des Gesprächs

Das Wichtigste in Kürze:

- Einigen Sie sich mit Ihrem Gesprächspartner auf eine Struktur zum Ablauf des Gesprächs.
- Dabei können Sie sich an der Struktur zum Ablauf einer Mediation orientieren:
  - Einstieg: Konflikt ansprechen, sich auf Ablauf des Gesprächs einigen, klären, wer beginnt.
  - Probleme und Positionen darlegen: Beide Seiten legen – ohne unterbrochen zu werden – ihre Sicht der Dinge dar. Durch Zusammenfassen des Gehörten klären die Beteiligten, ob sie die andere Seite richtig verstanden haben.
  - Bedürfnisse kennen und verstehen: Eventuelle Interessen hinter den Positionen durch gezieltes Fragen herausfinden. Klären, was für beide Seiten für die Lösung besonders wichtig ist.
  - Kreative Problemlösung: Zusammentragen aller Möglichkeiten, wie der Konflikt gelöst werden könnte. Anschließend Bewertung der möglichen Lösungen hinsichtlich ihrer Machbarkeit.
  - Vereinbarung: Formulierung des zukünftigen Vorgehens. Vereinbarung von Regeln, wie im Falle eines erneuten Konfliktes miteinander kommuniziert werden soll.

Geben Sie dem Gespräch eine Struktur

Sie haben sich mit Ihrem Gegenüber also getroffen und möchten die Sache nun besprechen. Und jetzt? Wie gehen Sie vor? Wann immer es möglich ist, sollten Sie sich auf eine Struktur in dem Gespräch einigen. Ansonsten können Sie sich beide in der Problematik verlieren und schlimmstenfalls den Konflikt vergrößern, statt ihn zu verkleinern. Die

Struktur, welche Mediationen haben (siehe Kapitel 25) eignet sich sehr gut auch für Gespräche ohne professionelle Begleitung. Jedes Gespräch verläuft natürlich etwas anders. Doch Sie sollten darauf achten, dass die folgenden Elemente explizit oder implizit enthalten sind:

- Begrüßung und kurze Thematisierung des Konflikts
- Einigung auf den Ablauf des Gesprächs
- Darlegung der eigenen Sicht der Dinge
- Zusammenfassen des Gehörten, Klärung des Verständnisses
- Klärung der Gemeinsamkeiten und der Differenzen
- Darlegung der Bedürfnisse und Wünsche; Darlegung der Punkte, die für beide Seiten besonders wichtig sind
- Sammeln von Ideen, wie der Konflikt gelöst werden könnte
- Herausfinden, welche Lösung die eigenen Bedürfnisse und jene der anderen Seite am besten erfüllt
- Realitätscheck, wie die Lösung von Dritten (sofern diese davon betroffen sind) voraussichtlich aufgenommen wird
- Festhalten, worauf man sich geeinigt hat

Die Punkte sind nicht akribisch in dieser Reihenfolge abzuarbeiten. Sie dienen Ihnen und der anderen Seite eher als Orientierung, an welcher Stelle des Prozesses Sie sich gerade befinden. Und sie helfen Ihnen, den Stand des Gespräches einzuordnen und immer wieder auf den zielführenden Weg zurückzukommen, wenn das Gespräch zu entgleisen droht.

Im Folgenden finden Sie ein Beispiel für den Ablauf eines Konfliktgesprächs. Es sind darin auch Gesprächstechniken enthalten, die in den nachfolgenden Kapiteln ausführlicher erläutert werden. Bitte beachten Sie, dass es in den Beispielen weniger um den Inhalt als die Struktur geht. Je nachdem, mit wem und worüber Sie ein Konfliktgespräch führen, unterscheidet sich die Wahl der Sprache. Doch der grundsätzliche Ablauf wird hiervon nicht betroffen. Um diesen geht es.

1. Einstieg

Nachdem Sie sich an einem ruhigen ungestörten Ort zur richtigen Zeit (siehe Kapitel 9) getroffen haben, geht es um den Einstieg ins Gespräch. Wer beginnt, hängt von zwei Faktoren ab. Gibt es hierarchische Unterschiede, dann beginnt der oder die hierarchisch Höhere. Bei hierarchisch gleichgestellten Kolleginnen und Kollegen ist es der- oder diejenige, der bzw. die das Gespräch angeregt hat.

Wenn Sie sich hierarchisch auf der gleichen Stufe befinden, schlagen Sie Ihrem Gesprächspartner oder Ihrer Gesprächspartnerin vor, das Gespräch zu strukturieren. Eine Einleitung könnte etwa wie folgt aussehen:

Barbara, ich bin erst einmal froh, dass wir die Sache (Thema xyz) jetzt in Ruhe besprechen können. Wenn du einverstanden bist, legt jede von uns dar, was ihre Ansichten und Probleme in der Sache sind. Dann tragen wir zusammen, was für uns wichtig ist und was sich für uns ändern muss. Anschließend suchen wir nach Lösungen, die für uns beide machbar und akzeptabel sind. Findest du das sinnvoll?

2. Probleme und Positionen darlegen

Nachdem Sie mögliche Unklarheiten aus dem Weg geräumt haben, entscheiden Sie, wer als erstes die eigene Sicht der Dinge darlegt. Wenn Sie eingangs die Führung übernommen und die Struktur vorgeschlagen haben, lassen Sie doch Ihren Gesprächspartner anfangen, sofern er oder sie einverstanden ist. Hören Sie dann den Ausführungen zu, ohne Ihr Gegenüber zu unterbrechen und machen Sie sich Notizen. Versuchen Sie, durch Fragen so viele Informationen wie möglich zu erhalten. Haben Sie keine Angst davor, Unangenehmes zu erfahren. Es ist ohnehin gegenwärtig, auch wenn es nicht ausgesprochen wird.

Wenn Sie an der Reihe sind, beschreiben Sie die Dinge, ohne sie zu bewerten. Achten Sie auf eine neutrale Sprache und reden Sie von sich selbst. Vermeiden Sie Formulierungen wie „Du machst immer, du machst nie, du solltest, du hast nicht" etc. Also nicht: „Du kommst immer zu spät an die Sitzung", sondern: „In den letzten vier Wochen bist du mehrmals zu spät an die Sitzung gekommen. Das letzte Mal hat die Zeit deswegen nicht gereicht und Michael konnte seine Schwierigkeiten auf dem Projekt nicht richtig besprechen" (vgl. Kapitel 18). Beschreiben Sie die Dinge immer neutral. Reden Sie nicht davon, was die andere Seite Schlechtes getan hat.

Wenn Sie feststellen, dass Ihr Gegenüber erregt ist, nehmen Sie erst den Druck raus (vgl. Kapitel 8). Wenn Ihr Gegenüber Sie angreift und eine aggressive Sprache verwendet, versuchen Sie zunächst durch Spiegeln (vgl. Kapitel 20), das Gespräch auf eine neutrale Bahn zurückzubringen („ich verstehe deinen Ärger, doch erkläre mir bitte genauer, worin dein Problem liegt"). Falls dies nicht hilft, ziehen Sie eine klare Grenze (Kapitel 21). Klären Sie anschließend, ob Sie alles richtig verstanden haben, indem Sie das Gehörte in Ihren eigenen Worten zusammenfassen (vgl. Kapitel 19).

3. Bedürfnisse kennen und verstehen

Nachdem Sie beide Ihre Sicht der Dinge dargelegt haben, geht es um Ihre Bedürfnisse. Was ist Ihnen wichtig, was muss sich ändern, damit der Konflikt für Sie gelöst werden kann? Und was ist Ihrem Gegenüber wichtig und was muss sich für ihn oder sie ändern? Finden Sie heraus, in welchen Punkten Sie übereinstimmen und in welchen Punkten Sie Differenzen haben. Verstehen Sie des Weiteren die Interessen hinter den Positionen Ihres Gegenübers, insbesondere wenn es scheint, dass es unüberwindbare Gräben gibt (vgl. Kapitel 15). Sprechen Sie die verschiedenen Positionen an und laden Sie Ihr Gegenüber ein, sich darüber auszutauschen, was für beide Seiten so wichtig ist:

Barbara, wir sind hier sehr unterschiedlicher Meinung. Du möchtest die Leitung des Projektes übernehmen. Ich bin der Ansicht, dass die Leitung bei mir liegen sollte. Vielleicht kommen wir weiter, wenn wir verstehen, warum wir beide das Projekt leiten möchten?
Wenn das Gespräch schwierig und wenig konstruktiv verläuft, hilft:

- Positiv bleiben, seine Emotionen unter Kontrolle halten und das Gespräch als das sehen, was es ist: ein Weg, den Konflikt aus der Welt zu schaffen, auch wenn es im Moment schwierig scheint
- Eindrücke über den Verlauf des Gesprächs beschreiben („Ich habe den Eindruck, wir sind hier festgefahren und beharren beide auf unseren Positionen.")
- Die andere Seite fragen, wo für ihn oder sie genau das Problem liegt
- Die andere Seite einen Vorschlag machen lassen, wie sie beide weiter fortfahren sollen

4. Kreative Problemlösung

Nachdem alle Themen auf dem Tisch sind, Sie geklärt haben, was Ihnen beiden besonders wichtig ist, und Sie wissen, was sich für Sie beide ändern sollte, geht es an die Suche nach Lösungen. Erklären Sie, wie eine gute Lösung für Sie aussehen könnte. Hören Sie den Vorschlägen und Einwänden der anderen Seite aufmerksam zu. Sofern es möglich und angemessen ist, können Sie zusammen ein Brainstorming machen, in welchem Sie alle Ideen zusammentragen. Überlegen Sie zudem, inwiefern Dritte von Ihren Lösungen betroffen sein könnten.

Machen Sie sich das Verhalten professioneller Verhandler zum Vorbild

Von professionellen Verhandlern kann man nicht nur in Bezug auf Vorbereitung und Strategie einiges lernen, sondern auch in Bezug auf das Verhalten. Diverse Verhalten, von denen Menschen meinen, dass sie ihnen helfen, eine starke Position zu beziehen und das Gegenüber zu überzeugen, funktionieren gerade nicht. Andere werden zu wenig eingesetzt.

So klären erfahrene Verhandler wesentlich häufiger das Verständnis, fassen das Gehörte zusammen, fragen nach und teilen die eigenen Stimmungen und Eindrücke mit als unerfahrenen Verhandler. Diese tendieren mehr als erfahrene Verhandler dazu, Argumente zu verwässern, einen Vorschlag mit einem Gegenvorschlag zu kontern oder die eigenen Vorschläge anzupreisen. Und sie kommen häufiger in eine Angriff-Verteidigungsspirale als erfahrene Verhandler.[52]

18. Achten Sie auf Ihre Sprache

Das Wichtigste in Kürze:

- Sprache kann schnell fordernd, aggressiv und sogar verletzend sein. Oft ist uns das nicht bewusst.
- Beobachten Sie Ihre Sprache. Erkennen Sie, wann Sie angreifen, bewerten, moralisieren und andere damit in die Enge drängen.
- Ersetzen Sie Ihre Sprache durch neutrale Formulierungen, mit denen Sie Brücken bauen können.
- Reden Sie über sich selber und nicht über andere.
- Beschreiben Sie, was Sie beobachten, ohne gleich zu bewerten.
- Bedenken Sie, dass Sie und Ihr Gegenüber in einem Satz mehrere Botschaften schicken: etwas über die Sache an sich (Sachebene), etwas darüber, was Ihnen bzw. der anderen Seite wichtig ist (Selbstoffenbarungsebene), etwas über die Beziehung zum Gegenüber (Beziehungsebene) sowie einen Appell, also das wozu das Gegenüber veranlasst werden soll.

Sprache kann verletzen

„Also das hat mich echt umgehauen, wie mein Chef unseren Vorschlag kritisiert hat", sagt Mark L. zu seinem Kollegen, als er aus der Sitzung zurückkommt. Formulierungen wie: „Das haut mich um", „das ist der Hammer", „da bleibt mir die Luft weg", „das ist wie ein Schlag in die Magengrube" drücken aus, dass nicht nur der Inhalt, sondern auch die Art und Weise, wie es gesagt wurde, den anderen getroffen haben.

Wenn Menschen etwas sagen, dann steht in der Regel der Inhalt ihrer Botschaft an erster Stelle. Was die andere Seite versteht, hängt jedoch nicht nur davon ab, „was" gesagt wird, sondern mindestens genauso von dem „wie" es gesagt wird. Viele Menschen denken zu wenig über die Art und Weise nach, wie sie den Inhalt transportieren und sind sich der Wirkung ihrer Sprache wenig bewusst. Sie sagen etwas und sind überrascht, dass ihr Gegenüber ablehnend oder verärgert reagiert. Sprache kann sehr rasch fordernd, aggressiv und unter Umständen verletzend sein: „So können Sie das nicht formulieren." – „Ständig finde ich noch einen Tippfehler in den Briefen." – „Es braucht eine bessere Planung." – „Sie haben ihr Team nicht im Griff. " – „Es gibt immer eine Lösung, du musst dich eben mehr anstrengen." In solchen Sätzen vermischen sich Beobachtungen und Bewertungen (genauer gesagt Vorwürfe). Das bleibt nicht ohne Konsequenzen. Wie fühlen Sie sich, wenn Sie mit Bewertungen und Vorwürfen konfrontiert werden? Ärgerlich, verletzt, abgewertet? Je nach Situation und Persönlichkeit werden Sie reagieren: Sie werden sich rechtfertigen, entgegnen, entschuldigen oder gar nichts sagen und es in sich hineinfressen. In jedem Fall ist die Situation unangenehm und es braucht wenig, dass es zum Konflikt kommt.

Neutrale Kommunikation

Der achtsame Umgang mit der Sprache hilft, unnötige Konflikte zu vermeiden und angespannte Situationen nicht zusätzlich zu belasten.[53] Unabhängig davon, was Sie stört oder was und wie es ihr Gegenüber sagt: bleiben Sie sachlich. Versuchen Sie die Dinge zu beschreiben, ohne zu urteilen. Vermeiden Sie Vorwürfe oder Angriffe, selbst wenn es in Ihnen kocht und brodelt. Auch der Satz: „Nun lasst uns doch vernünftig darüber reden", kann danebengehen, weil Sie damit signalisieren, dass die andere Seite im Moment alles andere als vernünftig redet.

Marshall Rosenberg hat den Begriff der „gewaltfreien Kommunikation" geprägt und die angriffige Sprache die „Wolfssprache" genannt.[54] Die Wolfssprache greift an, indem sie analysiert, kritisiert, interpretiert, bewertet, moralisiert, beschuldigt und droht. Typische Formulierungen des Wolfes sind: „Wenn Sie das und das genau angeschaut hätten./So geht das nicht./Du bist unzuverlässig./Das hast du gut bzw. schlecht gemacht./Bei dir geht das immer doppelt so lange./Wenn der Brief nicht in einer halben Stunde auf dem Tisch liegt ..." Auch sucht der Wolf gerne nach einem Schuldigen: Sie haben mir keine klaren Anweisungen gegeben, das war völlig unverständlich ...

Der Wolf erklärt der anderen Seite gerne in der Du-Form, worin das Problem liegt. Damit legt er den Grundstein, dass eine Situation eskaliert. *Eigentlich begann die Frage ganz harmlos. Nick P. fragt Sarah R., ob sie die Auftragsbestätigung nach Amerika schon rausgeschickt hat. Und ob sie die Offerten der Firma Cargo Int. schon durchgelesen habe. Sarah R. antwortet leicht defensiv: „Ich hatte viel zu tun, du weißt schon, ich mache das morgen, okay?" Nick P. findet das überhaupt nicht okay. „Was heißt hier morgen? Immer machst du alles auf den letzten Drücker, das macht mich noch wahnsinnig. Du hast schon letzte Woche gesagt, dass du es erledigen würdest, und jetzt liegt die Auftragsbestätigung immer noch rum." Sarah R. ist von dem plötzlichen Angriff überrascht, fängt sich jedoch und gibt zurück: „Ach ja? Und wer muss immer dem Kleinkram hinterherrennen. Du vielleicht? Du hast ja keine Ahnung, was ich hier alles mache." Es folgt noch eine weitere Schimpftirade und schon ist der Konflikt da.*

Oft sind sich Menschen der Bedeutung ihrer Worte zu wenig bewusst. Sie sagen etwas und wundern sich, weshalb ihr Gegenüber zum Angriff übergeht, sich verteidigt oder unter Umständen das Gespräch abbricht.

Reden Sie über sich selber und nicht über andere

Formulieren Sie Ihre Eindrücke, Bedürfnisse, Wünsche etc. deshalb möglichst in der Ich-Form. Im vorangegangenen Beispiel könnte Nick P. also zu Sarah R. sagen: „Wenn die Auftragsbestätigung nicht heute Nachmittag rausgeht, habe ich Sorge, dass sie nicht mehr rechtzeitig ankommt". Das ist eine sogenannte „Ich-Botschaft". Aber aufgepasst. Nicht jeder Satz, der mit Ich beginnt, wirkt deeskalierend. Angenommen, Markus V. hat mit Martin Z. einen Konflikt. Sie treffen sich an der Kaffeemaschine. V. sagt zu Z: „Ich habe mich im Übrigen ziemlich darüber aufgeregt, dass du mich an der letzten Sitzung immer wieder unterbrochen hast, während ich präsentiert habe." V. beginnt hier den Satz zwar mit „Ich" aber die Aussage ist das „Du": „Du hast mich mehrmals unterbrochen." Eine bessere Formulierung wäre (abgesehen davon, dass sie es nicht an der Kaffeemaschine besprechen sollten): „Ich hatte Mühe damit, dass ich in der letzten Sitzung meine Ausführungen nicht ungestört zu Ende bringen konnte." Idealerweise beginnt Markus V. seinen Satz sogar mit einem „Wenn": „Wenn du mich unterbrichst, dann verliere ich den roten Faden." Falls er seine Gefühle noch offenbaren möchte, kann V. zudem hinzufügen: „und das stresst mich."[55]

Beschreiben, ohne zu bewerten
Beschreiben Sie, was Sie beobachten, ohne es zu bewerten. Wenn Markus V. zu Martin Z. sagt: „Du fällst mir immer ins Wort", dann ist darin eine Bewertung enthalten. Besser ist es, wenn V. sagt: „Du hast mich mehrmals unterbrochen."

Auch wenn Sie Gefühle und Bedürfnisse ausdrücken, sollten Sie diese nur beschreiben, ohne das Gegenüber dafür verantwortlich zu machen. Und Sie sollten die Gefühle von Gedanken trennen. V. sollte also nicht sagen: „Ich fühle mich wie der letzte Depp, wenn ich da vorn stehe und unterbrochen werde", sondern lieber: „Ich komme aus dem Konzept, wenn ich meine Gedanken nicht zu Ende bringen kann."

Schließlich sollte man klar formulieren, was man vom anderen möchte. Und zwar positiv (also was ich möchte, und nicht, was ich nicht möchte), konkret und machbar. Es sollte nicht als Statement daherkommen, sondern der anderen Seite die Möglichkeit geben, darauf zu reagieren. Markus V. sollte nicht sagen: „In Zukunft lass mich bitte ausreden", sondern eher: „Bitte notiere Dir Deine Einwände und Fragen, damit ich nach der Präsentation darauf eingehen kann. Einverstanden?"

Was wir alles sagen, wenn wir etwa sagen

Susanne F. und Petra C. arbeiten gemeinsam in einer Werbeagentur. In einer groß angelegten Kampagne sollen Mütter von den Vorzügen einer neuen Babynahrung überzeugt werden. F. hat zahlreiche erste Vorschläge gemacht, die sie mit C. bespricht. Die schaut mit einem kurzen Blick darauf und sagt: „Dem Slogan fehlt die klare Aussage." Susanne F. schluckt leer und sagt zu Petra C: „Dann mach du ihn doch."

Was ist hier passiert? An sich ist die Aussage von Petra C. klar: Dem Slogan fehlt die klare Aussage. Ob Susanne F. dies auch so sieht und wo das Problem liegt, darüber könnten sie diskutieren. Doch dazu sind sie im Moment nicht in der Lage. Sie reden aneinander vorbei, weil die Botschaft von Petra C. verschiedene Elemente enthält und Susanne F. diese nicht automatisch so versteht, wie sie gemeint sind.

Der Kommunikationspsychologe Friedemann Schulz von Thun hat mit dem sogenannten „Nachrichtenquadrat" illustriert, dass eine Botschaft vier Aussagen, also Nachrichten, enthält.[56] Wenn jemand etwas sagt, dann formuliert er oder sie vier Dinge: etwas über die Sache an sich (Sachebene), etwas darüber, was ihm oder ihr wichtig ist (Selbstoffenbarungsebene), etwas über die Beziehung zum Gegenüber (Beziehungsebene) sowie einen Appell, also das, wozu das Gegenüber veranlasst werden soll.

C. könnte mit dem Satz: „Dem Slogan fehlt die klare Aussage", also z. B. sagen wollen:

- **auf der Sachebene:** Die Eltern verstehen nicht, worin die Vorteile des Produktes liegen.
- **auf der Selbstoffenbarungsebene:** Das Projekt ist sehr wichtig für mich.
- **auf der Beziehungsebene:** Ich kann aufgrund meiner Erfahrung besser als du erkennen, wann ein Slogan gut ist.
- **auf der Appellebene:** Geh noch mal drüber!

Der Konflikte kommt nun dadurch zustande, dass Petra C. und Susanne F. die vier Ebenen unterschiedlich deuten und gewichten:

- Petra C. hat sich vermutlich gar nicht klargemacht, was ihre knappe Äußerung auslösen kann (Ich wollte doch nur klarstellen, dass die Message noch nicht richtig verstanden wurde).
- Susanne F. hört vor allem die Selbstoffenbarungsebene und ärgert sich (Aha, sie weiß also wie ein guter Slogan aussehen muss. Die weiß auch immer alles besser).
- F. ärgert sich des Weiteren auf der Beziehungsebene (Ich bin doch nicht ihre Praktikantin).
- F. kann auf der Appellebene nur vermuten, was C. ihr sagen möchte (Soll ich jetzt noch mal von vorne anfangen oder was?).

Seien Sie sich also bewusst, was Sie mit einem Satz effektiv alles sagen, und auch, was Sie aus den Sätzen der anderen alles heraushören.

Loben Sie sich nicht selber

„Eigenlob stinkt". Diesen Spruch kennen Sie sicher auch. So ist mancher und manche versucht, die eigenen Vorschläge als fair, vernünftig, großzügig oder was auch immer darzustellen. Das soll die andere Seite überzeugen, erreicht aber faktisch das Gegenteil. Denn auf Eigenlob reagieren die meisten Menschen mit Ablehnung. Verzichten Sie also darauf, Ihre Vorschläge mit positiven Attributen zu versehen. Die andere Seite wird selber wissen, ob der Vorschlag für sie fair ist oder nicht.[57]

Kommunikation hängt von der Beziehung ab

Kommunikation ist immer situationsspezifisch und hat viel mit der Beziehung zum Gegenüber zu tun. Wenn wir uns gut verstehen und wertschätzen, dann müssen die Kommunikationsregeln nicht strikt befolgt werden. Ja, es kann sogar hölzern wirken. Man sollte jedoch immer darauf achten, Beobachtung nicht mit Bewertung zu vermischen, den anderen nicht anzugreifen und seine Wünsche klar und deutlich zu formulieren.

19. Zuhören, fragen und zusammenfassen

Das Wichtigste in Kürze:

* Häufig hören Menschen nicht richtig zu, sondern sind bereits damit beschäftigt, das Gesagte zu verarbeiten. Damit entgehen ihnen wichtige Informationen und ihr Gegenüber fühlt sich nicht wertgeschätzt.
* Hören Sie deshalb wirklich zu. Nehmen Sie im Geiste nicht vorweg, was Ihr Gegenüber sagen wird und formulieren Sie nicht bereits Antworten oder eine Verteidigung, bevor die andere Person geendet hat.
* Fragen halten ein Gespräch am Laufen und signalisieren Ihr ernsthaftes Interesse an den Anliegen Ihres Gegenübers. Haben Sie keine Angst, Fragen zu stellen, selbst wenn Sie erwarten müssen, dass Sie unangenehme Dinge erfahren. Fragen Sie nach Informationen und Inhalten, aber nicht nach dem „Warum".
* Fassen Sie das Gehörte immer wieder in Ihren eigenen Worten zusammen. Das ist essenziell für das gemeinsame Verständnis und Ihr Gegenüber wird sich gehört fühlen. Sie können zudem Angriffe entschärfen und eine Eskalation vermeiden.

Hören Sie richtig zu

Hören Sie genau zu, wenn Ihr Gegenüber in einem Konflikt seine Sicht der Dinge darlegt? Wahrscheinlich werden Sie jetzt sagen: „Ja natürlich höre ich zu." Aber hören Sie wirklich zu? Ich behaupte, dass wir die meiste Zeit nicht richtig zuhören. Wenn ein Mensch uns etwas sagt, dann geht das Gesagte durch unseren Filter von eigenen Erfahrungen, den Erfahrungen mit unserem Gegenüber, unseren Werten, unseren Sorgen, Ängsten und Wünschen. Wir hören, was wir hören möchten, und blenden aus, was für uns unangenehm ist. Insbesondere in Situationen, die uns emotional stressen, sind wir nicht in der Lage, zuzuhören.

Menschen meinen auch gerne, ja schon zu wissen was jetzt kommt und nur noch mit einem halben Ohr zuzuhören. Oder sie sind bereits damit beschäftigt, ihre Antwort respektive Verteidigung zu formulieren. Wenn Sie das tun, dann entgehen Ihnen wichtige Informationen. Sie müssen wirklich bei der Sache sein und vorurteilsfrei genau zu verstehen versuchen, was Ihnen die andere Seite sagen möchte.

Sie hören deshalb erst wirklich zu, wenn Sie …

- im Geiste nicht vorwegnehmen, was Ihr Gegenüber sagen wird.
- ihre Antwort bzw. Verteidigung nicht bereits vorformulieren, bevor die andere Person mit ihren Ausführungen geendet hat.
- wirklich und vorurteilsfrei verstehen möchten, was Ihr Gegenüber Ihnen mitzuteilen hat.
- Ihr Gegenüber so lange reden lassen, bis er oder sie alles gesagt hat, was Ihm oder ihr wichtig ist.

Zuhören ist nicht immer leicht. Denn es geht nicht nur darum, dem anderen die Aufmerksamkeit zu schenken und ihm oder ihr nicht ins Wort zu fallen. In Konflikten hören wir oft Dinge, die wir nicht unbedingt hören möchten. Indem wir das Gesagte durch einen Filter wahrnehmen, schützen wir uns vor Angriffen. Sobald wir wirklich zuhören, öffnen wir uns und werden in dem Moment verletzlich. Doch durch aufmerksames Zuhören erreichen Sie zweierlei: Sie erfahren, was dem anderen Menschen wichtig ist, ihn stört oder ärgert. Dieses Verstehen ist die Basis, um den Konflikt zu lösen. Und Sie zeigen Ihrem Gegenüber, dass das, was er oder sie zu sagen hat, wichtig ist und Sie die Anliegen ernst nehmen.

Die Kunst des Zuhörens hat Michael Ende in seinem philosophischen Märchenroman „Momo" wunderbar beschrieben:

Was die kleine Momo konnte wie kein anderer, das war: Zuhören. Das ist doch nichts Besonderes, wird nun vielleicht mancher Leser sagen, zuhören kann doch jeder. Aber das ist ein Irrtum. Wirklich zuhören können nur ganz wenige Menschen. Und so wie Momo sich aufs Zuhören verstand, war es ganz und gar einmalig.

Momo konnte so zuhören, dass dummen Leuten plötzlich sehr gescheite Gedanken kamen. Nicht etwa, weil sie etwas sagte, oder fragte, was den anderen auf solche Gedanken brachte, nein, sie saß nur da und hörte einfach zu, mit aller Aufmerksamkeit und aller Anteilnahme. Dabei schaute sie den anderen mit ihren großen, dunklen Augen an, und der Betreffende fühlte, wie in ihm auf einmal Gedanken auftauchten, von denen er nie geahnt hatte, dass sie in ihm steckten.

Um Informationen zu bekommen, müssen Sie Fragen stellen

Eng verbunden mit dem Zuhören ist das Fragen. „Wenn du eine weise Antwort verlangst, musst du vernünftig fragen", stellte schon Johann Wolfgang von Goethe fest. Viele Menschen nutzen die Möglichkeit des Fragens zu wenig. Erzählt ihnen jemand etwas, mutmaßen sie stattdessen, was sich der andere bei seinen Handlungen gedacht haben könnten und worauf er hinaus möchte.

Die richtigen Fragen sind die sogenannten W-Fragen (Was? Wie? Wer? Wann? Woran? Welche? Womit? etc.). W-Fragen sind offene Fragen, bei denen die Antwort nicht vorgegeben ist (also der Antwortende nicht nur mit „Ja" oder „Nein" antworten kann). W-Fragen dienen zum einen zur Klärung und Beschaffung von Informationen, zum anderen helfen sie, das Gespräch in Richtung Lösung zu bringen. W-Fragen können für mehrere Zwecke eingesetzt werden.

Informationen und Meinungen gewinnen: Worauf basieren Ihre Annahmen? Was genau hat der Kunde vermisst? Wie soll die Zusammenstellung der Dokumente aussehen? Welche Zielgruppe soll genau angesprochen werden? Was veranlasste Sie zu diesem Schritt? Mit solchen Fragen können Sie Informationen zu den Meinungen und Bedürfnissen Ihres Gegenübers gewinnen.

Bedürfnisse erkennen: Was soll Ihrer Ansicht nach passieren? Wie sieht dies genau für Sie aus? Was bedeutet für dich „Respekt"? Mithilfe dieser Fragen laden Sie die andere Seite ein, ihre Anliegen und Bedürfnisse zu konkretisieren.

Lösungswege beschreiben: Was brauchen wir, um vorwärtszukommen? Wie kommen wir dorthin? Diese Fragen laden die andere Seite ein, konkret zu beschreiben, wie der Konflikt überwunden werden könnte.

Win-win-Lösungen suchen: Wenn ich es richtig verstanden habe, ist dir das und das wichtig, und mir jenes. Hast du eine Idee, wie wir unsere beiderseitigen Bedürfnisse unter einen Hut bringen können? Entscheidend ist die Betonung der „beiderseitigen" Bedürfnisse. Es zeigt, dass Sie ein Interesse daran haben, zu einem Ergebnis zu kommen, das nicht nur zu Ihrem eigenen Vorteil ist.

Zeit gewinnen und Wertschätzen: Können Sie mir noch mehr darüber sagen? Diese Fragetechnik (vgl. Kapitel 8) hilft Ihrem Gegenüber, möglichen Ärger abzuladen. Zudem gewinnen Sie Zeit. Zeigen Sie wahres Interesse an den Ausführungen der anderen Seite.

In die Tiefe vorstoßen: Was stört dich an der Sache am meisten? Was ist dir wichtig? Diese Fragen helfen Ihnen, das wirkliche Problem, also den ganzen Eisberg zu erfassen (vgl. Kapitel 3).

Fragen mit Bedacht stellen

Fragen liefern Ihnen Informationen, halten ein Gespräch am Laufen und signalisieren Ihr Interesse an den Anliegen des anderen. Allerdings muss das Interesse ernsthaft sein. Ansonsten fühlt sich Ihr Gegenüber nicht ernst genommen. Also fragen Sie zum Verständnis, aber bombardieren Sie die andere Seite nicht mit Fragen. In gewissen Situationen ist es sinnvoll, seine Frage mit einer einführenden Frage zu versehen („Darf ich eine Frage stellen ...?"). Und beharren Sie nicht auf Antworten. Wenn die andere Seite keine Antwort geben möchte, dann akzeptieren Sie dies. Es kann zahlreiche Gründe dafür geben. Bleiben Sie einfach wachsam. Oder formulieren Sie Ihre Frage geschickt um.

Und natürlich hängt die Art und Weise, wie Sie fragen, auch von Ihrem Gegenüber ab. Ein Konfliktgespräch zwischen zwei guten Kollegen wird andere und direktere Fragen enthalten können als ein Konfliktgespräch zwischen einem Mitarbeiter und seinem Vorgesetzten.

Vermeiden Sie die „Warum-Frage"

Die Frage nach dem „Warum" sollte nach Möglichkeit vermieden werden. Natürlich kann ein „Warum?" eine reine Frage zur Wissensbeschaffung sein. „Warum geht die Sonne abends unter?", fragt die Vierjährige ihren Vater. Auch in einer freundschaftlichen Unterhaltung ist ein „Warum" kein Problem. Doch im beruflichen Kontext und insbesondere in Konflikten signalisiert das „Warum?" einen Angriff. Die befragte Person wird aufgefordert, sich zu erklären, und das „Warum" impliziert, dass der Fragende mit der Sache nicht einverstanden ist. Wenn Sie fragen: „Warum ist der Bericht noch nicht fertig?" – „Warum ist der Kunde abgesprungen?", dann hat dies einen ähnlichen Stellenwert, als wenn der Polizist den Verdächtigen fragt: „Warum waren Sie morgens um vier mit Ihrem Auto unterwegs?" Der „Warum"-Frager drängt den anderen in die Defensive und fordert ihn auf, sich zu rechtfertigen. Der Befragte gerät in eine Verteidigungshaltung. Menschen, die meinen, sich verteidigen zu müssen, sind mit ihrer Rechtfertigung beschäftigt, sodass Sie voraussichtlich kein lösungsorientiertes Gespräch führen können. Fragen Sie lieber: „Was hat Sie davon abgehalten, den Bericht fertigzustellen?" – „Welche Motive hatte der Kunde, einen anderen Treuhänder zu suchen?" Die Frage sollte keinen Vorwurf enthalten, sondern der Informationsbeschaffung diesen. Wenn Sie die Informationen erhalten, dann können Sie gemeinsam mit Ihrem Gegenüber überlegen, wie Sie es das nächste Mal besser machen können: „Wie können wir sicherstellen, dass Sie den Bericht rechtzeitig abschließen können?" – „Was können wir tun, dass wir unsere Kunden in Zukunft besser halten können?"

Fassen Sie das Gehörte in eigenen Worten zusammen
Fragen ist das eine, die Antworten richtig zu verstehen das andere. Um sicherzustellen, dass Sie alles richtig verstanden haben (und zwar nicht nur verbal, sondern inhaltlich) empfiehlt es sich, die Informationen und Argumente, die Ihr Gegenüber vorbringt, immer wieder in eigenen Worten zusammen zu fassen. Am besten in Form einer Frage („Habe ich Sie richtig verstanden, dass …?" „Meinen Sie damit, dass …?"). So kann Ihr Gegenüber Sie korrigieren, wenn Sie etwas nicht richtig verstanden haben sollten. Zusammenfassen ist zentral, um das gemeinsame Verständnis sicherzustellen. Die andere Seite wird sich gehört und verstanden fühlen. Indem Sie Dinge wiederholen, vermeiden Sie Missverständnisse und gewinnen Zeit, um sich in Ruhe eine gute Antwort zu überlegen.

Zudem können Sie auf diese Weise Befürchtungen, Sorgen, Ärger und weitere Emotionen Ihres Gegenübers ansprechen und ihm damit zeigen, dass Sie ihn ernst nehmen. Diese Methode heißt „Spiegeln" und wird im nächsten Kapitel ausführlich erläutert. Des Weiteren können Sie durch Zusammenfassung des Gesagten Angriffe und emotionale Äußerungen entschärfen, Widerstände überwinden und die Unterhaltung auf eine konstruktive Ebene zurückbringen. Beispiele hierzu finden Sie in Kapitel 21.

Reden ist Silber, Schweigen ist...

Eine weitere wichtige Gesprächstechnik ist ... erst mal gar nichts zu sagen. Wenn Ihr Gegenüber eine Redepause macht, sagen Sie erst einmal gar nichts. Warten Sie ab. Oder überbrücken Sie.

Auch wenn Sie eine Frage stellen, geben Sie sich nicht allzu schnell mit der Antwort zufrieden. Viele Menschen stellen eine Frage, und wenn ihr Gegenüber nicht gleich antwortet, sind sie versucht, die Antwort selber zu geben. Warten Sie ab, ob nicht noch mehr kommt. Schweigen Sie erst einmal. Überbrücken Sie die Pause allenfalls mit einem „Hmm" oder „Aha". Halten Sie die Stille aus. Ihr Gegenüber ist jetzt am Nachdenken, stören Sie ihn oder sie nicht dabei. Warten Sie geduldig ab, bis eine Antwort oder Reaktion kommt.

20. Gefühle und Bedürfnisse der anderen spiegeln

Das Wichtigste in Kürze:

- Menschen verfügen über Neuronen, mit denen sie sich in die Gefühle anderer Menschen hineinversetzen können (sogenannte Spiegelneuronen).
- Gleichzeitig haben Menschen ein tief verankertes Bedürfnis, dass sich andere in ihre Situation hineinversetzen und ihre Beweggründe verstehen.
- Wenn Sie die Emotionen und Bedürfnisse der anderen Seite spiegeln, dann können Sie zu ihr durchdringen. „Spiegeln" bedeutet, dass Sie die Emotionen, Bedürfnisse, Bedenken etc., die Sie aus den Worten Ihres Gegenübers heraushören, in eigene positive Worte fassen.
- „Spiegeln" ist ein sehr wirksames Instrument. Da Sie gewissermaßen für die andere Seite sprechen, sollten Sie es mit Bedacht anwenden.

Die Rolle von Spiegelneuronen

Wir zucken zusammen, wenn sich jemand in den Finger schneidet und sind gerührt über die Liebesszenen in dem Filmklassiker „Out of Africa". In solchen Momenten findet eine Gefühlsübertragung oder Gefühlsansteckung statt. Gefühlsansteckung ist eine natürliche angeborene Eigenschaft, die Menschen mit höheren Tierarten teilen. Neurowissenschaftler untersuchten bei Affen, welche Zellen aktiv waren, wenn die Affen einen Ball warfen oder eine Banane aßen. Dabei fanden sie heraus, dass es dieselben Zellen waren wie jene, wenn die Affen lediglich einen anderen Affen beobachteten, der diese Dinge tat. Wissenschaftler gaben den Neuronen anfänglich den Spitznamen „Affen sehen, Affen tun"-Neuronen. Später entstand daraus der Begriff der Spiegelneuronen. Relativ schnell verbreitete sich in Analogie zu diesen Erkenntnissen die Ansicht, dass es Spiegelneuronen nicht nur für Aktivitäten, sondern auch für Gefühle gebe. Die Spiegelneuronen ermöglichen es, sich in eine andere Person einzufühlen.[58]

Menschen haben das Bedürfnis, dass ihre Gefühle und Bedürfnisse verstanden werden
Neurowissenschaftler diskutieren zwar nach wie vor, ob es effektiv diese speziellen Neuronen sind, welche die Gefühlsübertragungen auslösen.[59] Es ist jedoch unbestritten, dass Menschen Emotionen spiegeln und das Verhalten des Gegenübers entscheidenden Einfluss auf die eigenen Empfindungen hat.[60] Wie wir mit Menschen auf der emotionalen Ebene umgehen, beeinflusst, unabhängig von Situation und Inhalt, deren Gefühle. Und umgekehrt werden unsere Gefühle davon beeinflusst, wie uns andere Menschen behandeln. Ein nettes Wort, eine verständnisvolle Geste, das Gefühl, gehört und verstanden zu werden, kann einen Menschen tief bewegen. Der Psychiater und Kommunikationsexperte Mark Goulston hat aufgrund der Arbeit mit seinen Patienten die These aufgestellt, dass wir ständig andere Menschen (die Welt) spiegeln und uns an den Bedürfnissen dieser ausrichten. Und jedes Mal, wenn wir dies tun, haben wir ein klein wenig das Bedürfnis, dass unsere Gefühle und Bedürfnisse ebenfalls gespiegelt werden und wir Anerkennung und die Botschaft erhalten, dass man uns versteht und wir okay sind.[61]

Wenn Sie einer Person spiegeln, was sie fühlt, wird diese Sie im Gegenzug spiegeln. Wenn Sie einem Menschen sagen oder zu verstehen geben: „Ich verstehe, was Du möchtest/brauchst/fühlst", wird er dafür dankbar sein und im Gegenzug versuchen, Sie zu verstehen. Auf diese Weise können Sie Ihr Gegenüber für Ihre Anliegen gewinnen, Mauern durchbrechen, die Menschen um sich herum errichtet haben und aufgebrachte Gesprächspartner beruhigen.

Viele Menschen haben das Gefühl, sich ständig für etwas einzusetzen, ohne dass die Welt ihre Bemühungen ausreichend honoriert. Gerade Menschen in Führungspositionen müssen zwar laufend handeln und entscheiden, erhalten aber wenig Feedback. Gehen Sie davon aus, dass Sie einem Menschen nicht genügend oft das Gefühl geben können, dass Sie seine Bedürfnisse ernst nehmen und seine Anstrengungen honorieren.

Wie Sie in Konflikten Gefühle spiegeln

Wie bereits erwähnt, ist es wichtig, das Gehörte immer wieder zusammenzufassen. Dieses Zusammenfassen dient nicht nur dem Verständnis, sondern zeigt Ihrem Gegenüber, dass er oder sie gehört und verstanden wird. Wenn es die Situation erfordert und erlaubt, können Sie nun einen Schritt weitergehen und nicht nur die Inhalte, sondern auch die Bedürfnisse und Gefühle Ihres Gegenübers ansprechen, d. h. spiegeln. Hierzu dienen Sätze mit Einführungen wie:

- Ich habe den Eindruck, dass ...
- Ich verstehe Ihre Sorgen/Ihren Ärger/Ihre Befürchtungen.
- Ich verstehe, dass das für Sie (eventuell) frustrierend ist.
- Ich kann sehen, wie wichtig das für Sie ist.
- Sie sind über ... verärgert ...
- Sie sind besorgt, dass/über die Art und Weise wie ...
- Sie machen sich Gedanken über ...
- Sie fühlen sich übergangen, weil ...
- XY ist passiert ..., und das ärgert Sie. Das verstehe ich.

Sie sollten diese Sätze allerdings mit Bedacht einsetzen, schließlich sagen Sie in dem Moment etwas über den anderen Menschen aus. Sie müssen auch nicht zwingend richtigliegen. Wenn Ihr Gegenüber antwortet: „Ich bin überhaupt nicht frustriert/verärgert etc.", dann haben Sie ebenfalls eine wichtige Information erhalten. Reagieren Sie nicht sofort und rechtfertigen oder entschuldigen Sie sich, sondern warten Sie einen Moment. Ihr Gegenüber wird Ihnen mit großer Wahrscheinlichkeit erklären, wie er oder sie die Situation effektiv empfindet. Wenn keine Antwort kommt, dann können Sie auch rückfragen: „Habe ich etwas falsch verstanden? Können Sie mir Ihr Anliegen bitte noch einmal erklären?".

Wenn Sie spiegeln, dann sollten Sie in diesem Moment wirklich emphatisch und verständnisvoll sein. Sie sollten den Ärger oder die Sorgen Ihres Gegenübers effektiv nachvollziehen können. Menschen merken, ob andere es ehrlich meinen oder ob es aufgesetzt ist. Zudem sollten Sie die Technik sparsam einsetzen. Wenn Sie jeden zweiten Satz damit beginnen: „Ich verstehe, dass dich das aufregt ...", dann verlieren die Worte ihre Wirkung und regen den anderen im Zweifelsfall nur noch mehr auf.

Offenbaren Sie sich selbst

Insbesondere im Geschäftsleben ist es üblich, Schwächen nicht zu zeigen. Menschen überspielen ihre Sorgen, Ängste und Enttäuschungen gerne mit einem harten und unnachgiebigen Auftreten, weil sie befürchten, dass Schwäche gegen sie verwendet werden könnte.

In einem Konflikt ist es jedoch wichtig, ehrlich zu sein. Nur wenn Sie sich mitteilen, werden die anderen verstehen können, was Sie bewegt und was Sie brauchen. Und wenn Sie sich zugänglich zeigen, wird Ihr Gegenüber sich ebenfalls zugänglich zeigen. Das gilt auch für Entschuldigungen. Haben Sie einen Fehler gemacht, so stehen Sie dazu. Niemand ist fehlerfrei. Menschen, die ihre Fehler zugeben, bieten der anderen Seite keine Angriffsfläche mehr. Zudem sind sie anderen Menschen in der Regel sympathisch, weil sie sich trauen, Fehler einzugestehen.

21. Mit Einwänden und Angriffen umgehen

Das Wichtigste in Kürze:

- Mit Gegenfragen gewinnen Sie Zeit, erhalten zusätzliche Informationen und können bei Angriffen den Ball zurückspielen. Gegenfragen sollten sparsam eingesetzt werden.
- „Ja-aber-Einwände" entkräften Sie durch Nachfragen. Unter Umständen rühren die „Ja-aber-Einwände" daher, dass Sie Ihr Gegenüber mit Vorschlägen überrumpelt haben oder Ihr Gegenüber Ihnen die Verantwortung für das Finden einer Lösung zuschiebt.
- Bei Angriffen können Sie „Argumentations-Aikido" betreiben und bildlich gesprochen einen Schritt zur Seite gehen. Mit Brückensätzen lenken Sie den Angriff zurück auf die sachliche Ebene und das Problem.
- Wenn ein Mensch über eine Lösung sagt, dass es unmöglich ist, dann stellen Sie die Unmöglichkeits- bzw. Wunderfrage. Fragen Sie den Menschen, was passieren müsste, dass es möglich wird. Mit der Frage können Sie Menschen erreichen, die sich gegen Veränderungen sperren.
- Bei unsachlichen und vor allem bei persönlichen Angriffen markieren Sie eine klare Grenze. Lassen Sie nicht zu, dass aggressive Menschen in Ihre persönliche Distanzzone eindringen.

Ja-aber-Einwände entkräften

Sie schlagen eine Lösung vor, und Ihr Gegenüber antwortet mit „Ja, aber". Sie schlagen eine modifizierte Lösung vor, und wieder kommt ein „Ja, aber". So langsam wird die Sache anstrengend. Wenn Sie das nächste Mal wieder mit „Ja, aber" konfrontiert werden, dann überlegen Sie, was die Beweggründe für das „Ja, aber" sein können und reagieren Sie entsprechend:

Im Widerspruch liegt Information. Fragen Sie ausführlich nach, in welchen Bereichen Ihr Gegenüber zustimmt (ja) und in welchen Bereichen er oder sie Vorbehalte hat (aber), und worin diese Vorbehalte genau bestehen. So können Sie den Einwand besser verstehen und zusätzliche Informationen gewinnen.

Ihr Gegenüber fühlt sich von Ihren Vorschlägen überrollt/überrumpelt und reagiert reflexartig mit Abwehr. Treten Sie in diesem Fall einen Schritt zurück und fragen Sie, worin die Einwände im Detail bestehen. Bombardieren Sie Ihr Gegenüber nicht mit Vorschlägen, sondern suchen Sie gemeinsam nach Lösungen.

Ihr Gegenüber schiebt Ihnen die Verantwortung und die Suche nach Lösungen zu. Ein „Ja, aber" verleitet dazu, weitere Lösungsvorschläge zu bringen, die Ihr Gegenüber jeweils abschmettert. Auf Ihnen lastet die Verantwortung, Vorschläge zu bringen, welche der anderen Seite passen. Anstatt sich auf das Spiel einzulassen und angestrengt nach weiteren Lösungen zu suchen, fragen Sie zurück: „Was würden Sie in diesem Fall vorschlagen?"

In der Literatur und in Kommunikationsseminaren wird immer wieder vorgeschlagen, das „Ja, aber" durch ein „Ja, und" zu ersetzen. In gewissen Fällen kann das angemessen sein, doch es ist meiner Meinung nach nicht der Königsweg. Beachten Sie: Der letzte Satz ist im Prinzip auch ein „Ja-aber-Satz". Das „aber" einfach durch ein „und" zu ersetzen, macht den Satz unverständlich. Wenn Sie Einwände haben, dann ist es sinnvoller, die Dinge auszuformulieren. Meier wirft Schulze vor, dass das Protokoll immer noch nicht vorliegt. Anstatt dass Schulze sagt: „Ja, aber ich musste doch den Serienbrief ausdrucken und war vorgestern krank", kann Schulze sagen: „Ich verstehe Ihren Ärger, denn das Protokoll hätte eigentlich gestern fertig werden müssen. Doch der Serienbrief hatte Priorität und ich war vorgestern leider krank."

Gegenfragen

In der Regel gilt es als unhöflich, eine Frage mit einer Gegenfrage zu beantworten. Setzen Sie Gegenfragen deshalb sparsam ein. Bei Einwänden hilft eine Gegenfrage jedoch weiter. Sie gewinnen Zeit und Ihr Gesprächspartner wird seine Frage neu formulieren, präzisieren und begründen. Beispiele für Gegenfragen sind:

- Kann ich später darauf eingehen?
- Was verstehen Sie unter …?
- Was genau meinen Sie mit …?
- Was spricht gegen …?
- Womit vergleichen Sie …?
- Wie sehen Sie denn die Angelegenheit?
- Was müsste sich Ihrer Ansicht nach ändern?
- Was müsste ich tun/ändern?
- Was bezwecken Sie mit dieser Frage?
- Worauf möchten Sie mit dieser Frage hinaus?
- Welcher Gedanke/welche Annahme steckt hinter dieser Frage?

Mit einer Gegenfrage können Sie auch Ihrer Irritation Ausdruck verleihen und der anderen Seite Einhalt gebieten, wenn Sie mit unsachlichen und angriffigen Einwänden konfrontiert werden:

- Wie kommen Sie darauf, dass …?
- Wie kommen Sie darauf, mir diese Frage zu stellen?

Ein Team sitzt im Sitzungszimmer eines großen Maschinenbauers. Es herrscht Krisenstimmung, denn ein wichtiger Zulieferbetrieb hat Probleme in der Fertigung und kann den Terminplan nicht einhalten. Hauptsächlich ist die Stimmung zwischen Hans W. und Christoph K. gereizt:

W: „Warum haben Sie mich erst gestern Abend über die Probleme in der Zulieferung informiert?"

K.: „Ich habe es erst kurz vorher erfahren."

W.: „Aha, Sie haben es erst kurz vorher erfahren."

K.: „Ja, ich bekam um ca. fünf Uhr die Mail."

W.: „Das kann ich mir kaum vorstellen!"

K.: „Wie soll ich Ihre Frage verstehen?"

Indem Christoph K. mit der Gegenfrage antwortet, beendet er das Gespräch, mit dem Hans W. ihn in eine bestimmte Ecke drängen möchte.[62]

Sollte Ihr Gegenüber auf Ihre Fragen ständig mit einer Gegenfrage reagieren, dann thematisieren Sie dies, indem Sie Ihre Beobachtung beschreiben: „Sie haben meine letzten Fragen alle mit einer Gegenfrage beantwortet. Das irritiert/verunsichert mich. Wie kann ich mich verständlich machen?"

Argumentations-Aikido

Im Aikido stemmt man sich nicht gegen den Angriff und hält dagegen, sondern man versucht, die Energie durch gezielte Maßnahmen umzuleiten, sodass der Gegner seinen Angriff nicht mehr fortsetzen kann. Diese Technik können Sie sich zunutze machen. Gehen Sie bei verbalen Angriffen einen Schritt zur Seite und lenken Sie den Angriff auf das Problem.[63] Gegenfragen sind hier wieder ein wirksames Mittel, ebenso, das Gesagte zusammenzufassen.

Sie präsentieren vor der Geschäftsleitung ein Konzept zur Neustrukturierung der Arbeitsorganisation in der Produktion. Aus den Vorgesprächen wissen Sie, dass der Produktionsleiter und seine Mitarbeitenden dem Konzept kritisch gegenüberstehen. Bei der Präsentation kommt es zum Eklat. Der Produktionsleiter, nennen wir ihn Herrn Niederwalder, meldet sich zu Wort und greift Sie als Projektverantwortlichen frontal an: „Das haben Sie wahrscheinlich auf der Universität gelernt. In der Praxis funktioniert das nie und nimmer, das kann ich Ihnen garantieren."

Kein sachlich begründeter Einwand. Vielmehr möchte Herr Niederwalder Sie in die Enge treiben. Mit sogenannten Brückensätzen ent-

135

schärfen Sie die Situation, bringen sie auf die inhaltliche Ebene zurück und spielen den Ball Ihrem Gegenüber zu:

Wertschätzen und ignorieren: „Herr Niederwalder, Ihr Einwand zeigt mir, dass ich die Vorteile des neuen Konzeptes noch nicht klar aufgezeigt habe. Wenn ich Sie richtig verstehe, dann zweifeln Sie daran, dass xy funktionieren wird. Gerne erläutere ich Ihnen noch einmal die wichtigsten Punkte und erkläre, warum ich vom Erfolg des Konzeptes überzeugt bin."

Sachliche Gegenfrage stellen: „Herr Niederwalder, Ihr Einwurf zeigt mir, dass Sie dem Konzept große Vorbehalte entgegenbringen. Worin liegen konkret Ihre Bedenken?"

Seiner Irritation Ausdruck verleihen: „Herr Niederwalder, Ihr pauschaler Einwand hilft mir nicht weiter. Was kritisieren Sie denn im Einzelnen?"

In der ersten Antwort zeigen Sie Herrn Niederwalder, dass Sie seinen Einwand ernst nehmen, ohne auf die Art und Weise einzugehen, wie er an Sie herangetragen wurde. Anschließend ignorieren Sie den Angriff und führen ihre sachliche Argumentation fort. Wenn Sie geendet haben, wird vermutlich als Reaktion ein „ja, aber" kommen. Doch der Angriff ist erst einmal entschärft. Idealerweise werden Sie nun erfahren, was Herrn Niederwalder wirklich stört. Wenn nicht, dann können Sie mit einer Gegenfrage versuchen, mehr zu erfahren.

In der zweiten Antwort gehen Sie ebenfalls nicht auf den Angriff als solchen ein. Durch die Gegenfrage spielen Sie den Ball zurück und lenken die Aufmerksamkeit auf die sachliche Ebene der Auseinandersetzung. Das Gleiche tun Sie in der dritten Antwort, nachdem Sie kurz Ihren Ärger gezeigt haben.

Unmögliches in Mögliches verwandeln

Es gibt Menschen, die verschließen sich und deklarieren Hoffnungslosigkeit: Es ist sinnlos, darüber zu sprechen, eine Lösung ist sowieso nicht möglich, die Vorschläge sind nicht umsetzbar usw. Wenn Sie hier mit Inhalten überzeugen möchten, werden Sie auf Granit stoßen. Mit einer lösungsorientierten Frage können Sie versuchen, die andere Seite aus ihrer Verweigerung zu holen.

Steve de Shazer, der Begründer des lösungsorientierten Coachings hat seinen Patienten hierzu die sogenannte Wunderfrage gestellt:[64] „Angenommen, über Nacht passiert ein Wunder und Ihre Probleme sind gelöst. Sie wachen am nächsten Morgen auf und wissen nicht, dass ein Wunder geschehen ist, aber Sie merken, dass die Dinge anders sind. Woran würden Sie merken, dass das Wunder geschehen ist? Und woran würden es die anderen merken?" Die Wunderfrage ist zunächst unverbindlich. Man muss es nicht tun, man muss nicht gleich an die ganzen Probleme denken, die damit verbunden sind, denn es ist eine hypothetische Frage. Doch gleichzeitig können sich Menschen nur Handlungen vorstellen, zu denen sie grundsätzlich in der Lage sind. In einem Konflikt können Sie deshalb auch einmal fragen: „Wenn wir beide morgen früh aufwachen würden und unser Problem wäre gelöst, was wäre dann für dich und für mich anders? Wärst du einverstanden, wenn wir hierzu ein Brainstorming machen?"

In die gleiche Richtung geht die „Unmöglichkeitsfrage", wie sie der Kommunikationsexperte Goulston nennt. Die Unmöglichkeitsfrage vermag einen Menschen aus einer defensiven abwehrenden Haltung zu locken und ihn zu ermutigen, offener über die Sache nachzudenken. Ein Dialog kann z. B. wie folgt aussehen:[65]

Frage: „Was würde automatisch Ihr Problem lösen?"

Die andere Person: „Wenn ich das und das machen könnte – aber das ist unmöglich ..."

„Hmm, ich verstehe. Und was würde es möglich machen?"

Die Unmöglichkeitsfrage lädt einen Menschen, der in einer „Nein-"
oder „Ja-aber-Haltung" steckt, dazu ein, wenigstens theoretisch über
eine Lösung nachzudenken: „Einverstanden, es ist momentan unmöglich. Aber was würde es möglich machen?"

Die Unmöglichkeitsfrage ist geeignet, wenn Konflikte aufgrund an-
stehender Veränderungen auftreten und Menschen sich gegen Neues
sperren. Laden Sie Menschen ein, Ihnen zu sagen, was sie für unmöglich halten. Damit ist der erste Schritt getan, dass die andere Seite ihre
Abwehrhaltung aufgibt, um zu überlegen, was passieren müsste, damit
eine Lösung möglich wird. Es ist zumindest einen Versuch wert.

Setzen Sie klare Grenzen

Kennen Sie das? Sie stehen an einem Empfang und kommen ins Gespräch. Die Unterhaltung ist interessant, nur Ihr Gesprächspartner
steht zu nahe bei Ihnen. Sie weichen unbewusst zurück, Ihr Gegenüber
folgt Ihnen. Irgendwann fallen Sie fast rücklings über den Tisch mit den
Häppchen. Ihr Gesprächspartner oder ihre Gesprächspartnerin hat Ihre
persönliche Distanzzone – wenn auch unbewusst – verletzt.[66]

Auch aggressive und fordernde Menschen kommen uns mit ihrer
Art und ihrer negativen Energie zu nahe. Sobald Sie persönlich oder
sachlich massiv und undifferenziert angegriffen werden, ist der Moment gekommen, eine Grenze zu markieren. Bringen Sie Ihre Autorität
ins Spiel. Stellen Sie klar, dass Sie jederzeit sachliche Kritik entgegennehmen, sich aber nicht persönlich beleidigen lassen. Manche Menschen versuchen, so weit zu gehen, bis sie in ihre Schranken verwiesen
werden. Unter Umständen korreliert ein solches Verhalten mit einer
Persönlichkeitsstörung (siehe Kapitel 26).

Schaffen Sie sich zudem einen gedanklichen Schutzschild. Sie können sich z. B. vorstellen, dass Sie ein unsichtbarer Zaun von drei Me-

tern (das ist ungefähr der Wert, bei dem die öffentliche Zone beginnt) umgibt, den die andere Person nicht übersteigen kann und somit nicht in der Lage ist, in Ihren persönlichen Bereich einzudringen. Oder dass Sie einen Regenmantel anhaben, an dem alles abperlt und Sie selber trocken und geschützt bleiben. Sollten Sie mehr der akustische Typ sein, können Sie sich auch einen angenehmen Klangteppich vorstellen, der Sie umhüllt. Eine andere Methode ist Ironie oder Absurdität. Sie können sich die andere Person als grünen Plüschelefanten, quakenden Donald Duck oder was auch immer vorzustellen, um die Situation und die Attacken zu entschärfen. Welches Bild Sie auch immer wählen, es geht darum, sich in schwierigen Situationen abgrenzen zu können.

Lassen Sie sich nicht verwirren
Gewisse Menschen setzen aggressives Verhalten sogar als Taktik ein. Ihr Gegenüber schüchtert Sie zuerst durch sein Verhalten ein. Dann ändert er die Taktik. Nun zeigt er sich freundlich und kooperativ. Dankbar dafür, dass er sein aggressives Verhalten abgelegt hat und doch nicht so unfreundlich ist, machen Sie Zugeständnisse.

Es ist das Spiel „Böser Bulle, lieber Bulle". Die Methode funktioniert, dies konnte wissenschaftlich belegt werden. Die psychologische Erklärung: Auf Angst folgt Erleichterung. Polnische Wissenschaftler brachten Menschen in einem Experiment in eine unangenehme Situation. Die anschließende Erleichterung, dass die unangenehme Situation vorüber war, beeinträchtigte die Betroffenen in ihrer Fähigkeit, kritisch zu denken und Dinge zu hinterfragen.[67]

„Schüchtere dein Gegenüber erst einmal ein, kooperativ kann man später sein": Lassen Sie sich von solchen und anderen Spielchen nicht beirren. Bleiben Sie freundlich, stellen Sie die Sache in den Vordergrund und markieren Sie Grenzen.

V. Mit unlösbaren Konflikten umgehen

Manchmal können Konflikte nicht gelöst werden. Das kann verschiedene Ursachen haben, auf die Sie keinen Einfluss haben. Im nun fünften und letzten Teil erfahren Sie, wie Sie vermeiden, in einem Konflikt gefangen zu bleiben, und wie es Ihnen gelingt, loszulassen und mit sich und der Situation ins Reine zu kommen. Zwei Dinge sind entscheidend, um Abstand zu gewinnen: Sie müssen akzeptieren, dass sich vieles Ihrer Kontrolle entzieht, und Sie dürfen dem Konflikt nicht mehr Raum geben, als er verdient.

Manchmal hilft auch eine Mediation. Sie erfahren daher, wie eine Mediation abläuft, sodass Sie das nächste Mal einschätzen können, ob Ihnen eine Mediation weiterhilft.

Unter Umständen sind Sie in einem Konflikt rat- und machtlos, weil Sie die Handlungen und Reaktionen Ihres Gegenübers nicht verstehen und nachvollziehen können, so sehr Sie sich auch bemühen. Wenn Sie Pech haben, sind Sie an einen Menschen geraten, der psychologisch ausgedrückt eine „Persönlichkeitsstörung" hat und nach anderen Regeln funktioniert.

Schließlich können Sie einen Konflikt nicht lösen, wenn Sie gemobbt werden. Denn die andere Seite bezweckt dann gerade, dass es nicht zu einer Einigung kommt.

22. Werden Sie nicht zur Geisel des Konflikts

Das Wichtigste in Kürze:

* Gewisse Konflikte können nicht gelöst werden, egal wie sehr Sie sich bemühen. Es gibt Situationen, in denen Sie nicht die gleiche Sprache finden, unvereinbare Interessen haben oder sich eine Seite der Lösung verweigert.
* Menschen, die von einem Konflikt übermannt werden, können in einer Spirale aus Wut, Aggression aber auch Resignation stecken bleiben.
* Wenn sich Menschen machtlos oder als Geisel der Situation fühlen, richten sie ihre Aggressionen gegen sich selber oder gegen andere.
* Achten Sie darauf, nicht in einem Konflikt gefangen zu bleiben. Sie haben immer eine Wahl.

Manchmal können Konflikte nicht gelöst werden

Sie haben alle Erkenntnisse dieses Buches angewandt. Sie haben Ihre Emotionen unter Kontrolle gebracht. Sie haben sich überlegt, was Sie wirklich möchten. Sie haben versucht sich in die andere Person hineinzuversetzen. Sie haben Bedürfnisse gespiegelt, Sie haben mit Ihrer Sprache Brücken gebaut und und und …, doch alle Bemühungen scheinen fruchtlos.

Sie werden immer wieder Konflikte antreffen, in denen keine Lösung möglich ist. Denn, um einen Konflikt zu lösen, braucht es beide Seiten. Es gibt verschiedene Gründe, weshalb ein Konflikt nicht lösbar ist:

* Die Parteien finden keine gemeinsame Sprache.
* Die Parteien kommen nicht von der Annahme los, die Schuld liege ausschließlich beim anderen.
* Die Parteien haben unterschiedliche Positionen, die auf unterschiedlichen Werten beruhen.
* Eine Seite verweigert sich dem Dialog. Entweder geht sie auf den Konflikt nicht ein (wählt also den Weg der Vermeidung) oder sie bricht mitten in der Auseinandersetzung den Dialog ab.

- Es gibt keinen Bereich, innerhalb dem eine Einigung möglich wäre.
  Die Interessen und Bedürfnisse der Parteien sind unvereinbar.
  Dies sind mögliche Schwierigkeiten in einem normalen Konflikt. In
  Kapitel 26 und 27 erfahren Sie zusätzlich, was passiert, wenn Sie es mit
  Menschen zu tun haben, die nach anderen Regeln funktionieren (d. h.
  Persönlichkeitsstörungen aufweisen) und was Sie tun können und soll-
  ten, wenn die andere Seite keine Lösung möchte, sondern darauf ab-
  zielt, Ihnen systematisch zu schaden (Mobbing).

Machtlosigkeit hält Menschen im Konflikt gefangen

Wenn ein Konflikt nicht gelöst werden kann, bleiben Menschen
manchmal in einer Spirale aus Wut, Aggression oder auch Resignation
stecken. Im Extremfall richten sie ihre negativen Emotionen gegen sich
(Suizid) oder andere (Amoklauf).[68]

Oft ist dann Machtlosigkeit im Spiel. Die Menschen werden sprich-
wörtlich zu Geiseln des Konflikts. Das Gefühl, gefangen zu sein, äußert
sich in Sätzen wie: „Ich habe keine Wahl." – „Ich muss das Haus abzah-
len." – „Ich habe sowieso keine Unterstützung in der Abteilung." –
„Warum trifft mich die Reorganisation und nicht meine Kollegen in
Zürich." – „In meinem Alter bekomme ich keinen anderen Job mehr."
– „Ich habe nicht genug Energie für solche Sachen." – „Es ist einfach
ungerecht was mir passiert." – etc.

Auch wenn sich die Realität des Arbeitsmarktes oder der eigenen finanziellen Situation nicht leugnen lässt, sind solche Sätze Ausdruck
eines inneren Dialogs. Der innere Dialog kann Menschen entweder
gefangen halten oder ihnen helfen, die Situation zu kontrollieren. Leider haben wir in unserer Sprache – und das gilt für alle Kulturen – viel
mehr Wörter für negative als für positive Dinge. Vermutlich hängt es
mit unserer biologischen Eigenschaft zusammen, sich auf die Risiken
und Gefahren zu fokussieren. Innere Dialoge konzentrieren sich ent-

sprechend mehr auf das Problem als auf die Lösung und führen nicht aus dem Konflikt heraus.

Der Psychologe Martin Seligman hat den Begriff der „erlernten Hilflosigkeit" entwickelt. Analog zu dem Experiment von Pavlov (bei dem ein Hund darauf konditioniert wurde, beim Klang eines Glöckchens Futter zu erwarten, und darauf automatisch mit Speichelfluss reagierte), hat Seligman einen Hund negativ konditioniert. Jedes Mal, wenn eine Glocke erklang, wurde dem Hund ein leichter Stromstoß versetzt, dem er in seiner Box nicht ausweichen konnte. Der Stromstoß war zwar nicht dramatisch, aber auch nicht angenehm. Nach einiger Zeit erhielt der Hund die Möglichkeit, dem Stromstoß zu entfliehen. Aber nichts geschah. Der Hund blieb passiv in seiner Box und erduldete die Prozedur. Er hatte gelernt, dass es zwecklos war, ausweichen zu wollen. Danach setzte Seligman einen zweiten Hund in die Box, und wie nicht anders zu erwarten, sprang dieser beim ersten Stromstoß über den Zaun.[69]

Die Theorie der „erlernten Hilflosigkeit" hat Seligman auf Menschen übertragen. Gewisse Menschen haben aufgrund ihrer Anlagen und/oder Erfahrungen eine Tendenz, sich negativen Situation hilflos ausgeliefert zu fühlen. Wie Seligmans Hund sehen sie sich als Geisel ihrer Arbeitssituation, ihres Chefs, ihrer fordernden Kollegen usw. Sie drehen sich im Kreis und kommen aus der Konfliktsituation nicht heraus, obwohl sie einfach nur „über den Zaun springen müssten". Vielfach reagieren solche Menschen mit Depressionen.

Weg von der Vergangenheit in die Zukunft
Zwei Mönche, Tanzan und Ekido, gingen gemeinsam einen schlammigen Weg entlang. Es regnete stark, und der Regen hatte das Rinnsal neben dem Weg zu einem schmutzigen Bach anschwellen lassen. Hinter einer Kurve sahen sie ein wunderschönes Mädchen auf der anderen Seite des reißenden Baches, das in Tränen aufgelöst war. Tanzen fragte: „Was ist

los?" Das Mädchen erklärte ihnen, dass es auf dem Weg zu einer Hoch-
zeit sei und den schlammigen Bach nicht überqueren könne, ohne seinen
Kimono zu ruinieren. „Komm", sagte Tanzan und streckte seine Arme aus.
Er hob sie hoch, trug sie über den Bach und setzte sie an der anderen Seite
des Baches wieder ab. Dann setzten die beiden Mönche ihren Weg fort.

Ekido sprach nicht, bis sie den Tempel erreichten. Dann sagte er zu
Tanzan in ärgerlichem Ton: „Du weisst, dass Mönche keine Frauen be-
rühren sollen. Du hättest das nicht machen sollen." „Ich ließ das Mäd-
chen auf dem Weg zurück", entgegnete Tanzan. „Warum trägst du sie
immer noch mit dir herum?"[70]

Menschen, die in Konflikten gefangen sind, tragen wie Ekido den
Konflikt mit sich herum. Abends nach Hause, morgens in die Dusche,
in die Unterhaltung mit ihrem Partner oder Freunden, morgens um
vier in schlaflosen Momenten. Je länger ein Mensch den Konflikt mit
sich herumträgt und im Geiste immer wieder memoriert, desto mehr
verändern sich die Wahrnehmung und die Geschichte. Meistens werden der Konflikt und das Problem dadurch immer größer. Es ist wie in
der Geschichte des Anglers, der seinen Freunden erzählt, wie groß der
Fisch war, den er gefangen hat. Von Erzählung zu Erzählung wächst der
Fisch ein kleines bisschen.

Wir sollten somit darauf achten, dass wir nicht in Konflikten gefangen bleiben. Wir müssen den Blick aus der Vergangenheit in die Zukunft wenden, weg von der alten Geschichte, hin zur Lösung, die auch
bei uns liegen kann. Niemand beschreibt dies großartiger als Nelson
Mandela:

„Als ich aus der Zelle durch die Tür in Richtung Freiheit ging, wusste
ich, dass ich meine Verbitterung und meinen Hass zurücklassen musste,
oder ich würde mein Leben lang gefangen bleiben."[71]

23. Kontrollieren, was kontrollierbar ist

Das Wichtigste in Kürze:

* Viele Dinge, die in Unternehmen zu Konflikten führen, haben ihre Ursache in anderen, nicht vorhersehbaren Ereignissen.
* Betrachten Sie daher Konflikte aus einer gewissen Distanz. Vieles entzieht sich Ihrer persönlichen Kontrolle.
* Wenn Sie in einem Konflikt nicht weiterkommen und Sie das stresst, überlegen Sie sich: Was versuche ich zu kontrollieren, was nicht kontrollierbar ist? Was könnte ich stattdessen kontrollieren, das ich gegenwärtig nicht kontrolliere?

Erkennen Sie, dass sich vieles Ihrer Kontrolle entzieht und nichts mit Ihnen zu tun hat.

Einer Ihrer Tage könnte wie folgt aussehen: Sie wachen auf und stellen mit Schrecken fest, dass Sie verschlafen haben. Der Wecker ging nicht. Auch die Kaffeemaschine funktioniert nicht, da der Strom ausgefallen ist. Sie hasten ohne Kaffee aus dem Haus, und stecken prompt im Verkehr fest. Sie haben zwar flexible Arbeitszeiten, aber Ihr Vorgesetzter ist trotzdem schlechter Laune (wahrscheinlich hat er wieder Ärger mit seiner Frau gehabt ...), was Ihnen den Tag schwermachen wird. Am Nachmittag checken Sie kurz die Börsenkurse und stellen fest, dass die Börse einen kleinen Crash erlebt hat, weil eine führende Bank in Zahlungsschwierigkeiten geraten ist. Wenn sich die Entwicklung so fortsetzt, werden Sie ein Problem haben, denn Sie möchten in absehbarer Zeit Aktien verkaufen, um ein neues Eigenheim zu finanzieren. Was für ein Tag, denken Sie. Gott sei Dank ist Freitag. Ein Blick aufs Wetter verheißt allerdings auch nichts Gutes. Am Wochenende ist Dauerregen angesagt!

Ein Horrorkrimi von Stephen King? Nein, ein ganz normaler Tag, an dem diverse Dinge passieren, denen eines gemein ist: Sie entziehen sich Ihrer Kontrolle. Sie können nicht die öffentliche Stromversorgung kontrollieren, nicht die Verkehrsstaus, nicht die Laune Ihres Chefs, nicht die Börse und nicht das Wetter, das Ihre Wochenendpläne ruiniert. In gewissen Fällen können Sie aus der Erfahrung lernen, indem Sie sich einen Wecker mit Batterie zulegen (oder aufs Smartphone umsteigen), früher aus dem Haus gehen oder Ihre Aktien mit Optionen absichern. Doch viele Dinge im Leben entziehen sich unseres Einflussbereichs, weil sie völlig unvorhersehbar sind. Es handelt sich um das Phänomen des sogenannte „schwarzen Schwans".[72]

Auf meinem täglichen Hundespaziergang komme ich oft an einer Wiese vorbei, auf der im Winter Wollschweine leben. Im Herbst sind sie noch klein und wachsen während des Winters in einem glücklichen Schweineleben, in dem sie so richtig im Dreck graben dürfen, heran. Könnte man Wollschweine fragen, wie der nächste Tag aussieht, würden sie vermutlich sagen: na ja, so wie heute. Fressen, grunzen, graben. Und es ist auch so. Zumindest, bis Ostern kommt. Von einem Tag auf den andern ist das Leben des Wollschweins nicht mehr das gleiche. Zuerst verschwindet der Kollege, dann noch einer, und auf einmal ist auch unser Interviewpartner an der Reihe. In das Leben des Wollschweins ist ein sogenanntes „unvorhersehbares" Ereignis hereingebrochen.

In der globalisierten Wirtschaft passieren heute ständig Dinge, die nicht vorhersehbar sind, das Arbeitsleben tangieren und sich dem persönlichen Einflussbereich entziehen. Viele Faktoren spielen zusammen, und in letzter Konsequenz haben der Stress und das vergiftete Klima in einem mittelgroßen Betrieb der Maschinenindustrie seinen Ursprung in der geopolitischen Instabilität im Nahen Osten, den damit verbundenen Flüchtlingsströmen und einem veränderten Wechselkurs. Oder nehmen wir den „Brexit". Wer hätte gedacht, dass Großbritannien aus der EU austritt, und doch ist es erfolgt. Wie der Austritt Großbritanniens vollzogen werden soll und in welchem Verhältnis das Land hinterher vertraglich mit der EU verbunden sein wird, muss nun verhandelt werden. Je nachdem in welcher Branche Sie arbeiten, kann dies Konsequenzen für Sie haben. Vielleicht berührt es Sie, vielleicht nicht. Vielleicht gehören Sie zu den potenziellen Verlierern, vielleicht zu den Gewinnern. Einen Einfluss darauf haben Sie nicht.

Konflikte in Organisationen haben ihren Ursprung vielfach nicht in den Menschen, sondern im Umfeld und den Strukturen. Erkennen Sie Konflikte in diesen Situationen als das, was sie sind: ein Problem, das mit Ihnen persönlich nichts zu tun hat. Sie können alles richtiggemacht haben, und trotzdem ist nichts mehr richtig.

Was kann ich kontrollieren?

In Situationen, in denen Sie das Gefühl haben, dass Ihnen alles entgleitet, sollten Sie deshalb zwei Dinge überlegen:[73]

- Was versuche ich zu kontrollieren und scheitere mit meinen Bemühungen?
- Was könnte ich kontrollieren, das ich gegenwärtig nicht kontrolliere?

Sie sind gerade im Büro angekommen, das Sie mit einem Kollegen teilen. Und so wie es aussieht, wird es wieder mal ein frustrierender Tag. Sie sind ein ordentlicher Mensch. Ihre Seite des Büros ist müllfreie Zone und perfekt organisiert. Sie kommen immer pünktlich und achten darauf, dass Sie Ihren Kollegen nicht stören, etwa wenn Sie telefonieren. Ihr Kollege ist jedoch das absolute Gegenteil. Es ist erst Mittwoch, und schon stapeln sich schmutzige Tassen und die Verpackungen seines gestrigen Mittagessens auf seinem Schreibtisch und die Akten auf dem Fußboden. Er kommt gerne auf den letzten Drücker, und wenn er telefoniert, redet er so laut, dass Sie sich fragen, wozu er überhaupt ein Telefon braucht. Er ist sehr gut in seinem Job und äußerst kreativ, aber manchmal macht er Sie schier wahnsinnig. Obwohl Sie Ihre Arbeit mögen, überfiel Sie heute

Morgen eine regelrechte Abneigung ins Büro zu kommen. Sie haben das Thema Ihrem Kollegen gegenüber schon mehrmals angesprochen. Kurzfristig wurde es auch besser. Aber eben nur kurzfristig. Er sieht Ihr Problem nicht wirklich ein. „Ach komm", sagte er das letzte Mal, als Sie gefühlt wieder im Müll versanken, „es gibt im Leben andere Probleme, die zu lösen sind. Das siehst du doch auch so, oder?"

Hier treffen eindeutig zwei Charaktere aufeinander, die so unterschiedlich sind, dass sie die Beweggründe und Bedürfnisse des anderen nicht verstehen können (oder wollen). Hier nun die zwei Kontrollfragen:

1. Was versuchen Sie zu kontrollieren und scheitern mit Ihren Bemühungen? Sie versuchen, die andere Person zu etwas zu bewegen, wozu sie nicht bereit ist. Sie versuchen, sein Verhalten zu kontrollieren und Zugeständnisse zu erhalten, obwohl Sie beide völlig unterschiedliche Charaktere sind. Vielleicht können Sie kleine Teilerfolge erzielen. Sie werden es jedoch nicht schaffen, Ihren Kollegen zu ändern.

2. Was könnten Sie kontrollieren, das Sie gegenwärtig nicht kontrollieren? Sie können Ihren eigenen Handlungsspielraum kontrollieren. Und der ist größer, als Ihrem Kollegen immer wieder die gleichen Sachen zu sagen. Hier einige Möglichkeiten:

- Sie können versuchen, Ihren Kollegen durch Motivation dazu zu bringen, sich in Ihrem Sinne zu verhalten. So können Sie ihm jedes Mal, wenn er zum Telefonieren nach draußen geht oder die Kaffeetasse wegräumt, für seine Rücksichtnahme danken.
- Sie können versuchen, sich auf die positiven Seiten Ihres Kollegen zu fokussieren, auf seine Kreativität und sein heiteres Gemüt, und seine Unordnung als für Ihre Arbeit unwesentlich ansehen.
- Sie können die Rolle Ihres Arbeitsplatzes umdeuten. Sie können sich sagen, dass es sich nicht um Ihr eigenes Reich und Ihre persönliche Wohnung handelt, sondern um einen Ort, an dem in erster Linie

gearbeitet wird, und dass dies auf unterschiedliche Art und Weise erfolgen kann.

* Sie können versuchen, das Büro zu wechseln oder sich in eine andere Abteilung versetzen zu lassen. Im Extremfall können Sie das Unternehmen wechseln.

Erinnern Sie sich an den Begriff des BATNA, Ihrer besten Alternative, wenn der Konflikt nicht gelöst werden kann (Kapitel 14)? Ihr BATNA ist Ihre Kontrolle. Viele Menschen denken, dass diese Alternative ausschließlich in der Veränderung äußerer Umstände liegt. Und natürlich sollte man sich überlegen, was man verändern kann, wenn der Konflikt nicht gelöst wird. Wie stark die eigene Position ist, wie gut die Chancen auf eine andere Position im Unternehmen oder außerhalb sind, wie gut man im Unternehmen vernetzt ist etc.

Es gibt aber auch die Möglichkeit, seine eigene Haltung zu dem Konflikt und seinen Ansprüchen zu verändern. Sie können Ihren Frieden mit der Situation machen, wenn Sie erkennen, dass Sie sie nicht ändern können und mit ihr klarkommen müssen. Entscheidend ist, dass Sie die Situation als etwas ansehen, was sie nun einmal ist: ein Problem, das nicht in Ihrem Sinne gelöst werden kann. Das kommt vor. Es hat nichts mit Ihnen als Mensch zu tun. Sehen Sie es als professionelle Herausforderung, für sich selber eine Lösung zu finden.

24. Eine starke innere Haltung

Das Wichtigste in Kürze:

- Werden Sie zum neutralen Beobachter der Konfliktsituation.
- Konzentrieren Sie sich auf die Gegenwart, das Hier und Jetzt. Lassen Sie sich nicht zu sehr von Gedanken aus der Vergangenheit oder der Zukunft einvernahmen.
- Machen Sie Ihren Job nicht zum alleinigen Mittelpunkt Ihres Lebens. Sehen Sie ihn als einen Ort des Gebens und Nehmens an, an dem automatisch Konflikte entstehen.
- Schaffen Sie sich ein Umfeld außerhalb der Arbeit, in dem Rivalitäten keine Rolle spielen.
- Geben Sie dem Konflikt nicht mehr Bedeutung, als er wirklich hat. Fragen Sie sich, wie Sie mit einem größeren zeitlichen Abstand über den Konflikt und Ihre Reaktion denken werden.

Bleiben Sie im Hier und Jetzt

Versuchen Sie in Konflikten immer wieder Abstand zu gewinnen. Das geht am besten, indem Sie sich gewissermaßen als neutraler Beobachter der Situation und sich selber sehen. Als neutraler Beobachter des Geschehens bleiben Sie im Hier und Jetzt. Konflikte stressen häufig. Sie stressen in dem Moment, in dem wir versuchen, mit dem Gegenüber eine Lösung zu finden. Aber noch mehr stressen sie, wenn wir etwas Anderes tun und in Gedanken bei dem Konflikt sind. Wir wachen nachts auf und fragen uns, was passiert, wenn wir den Konflikt nicht lösen. Wir machen einen Spaziergang, die Gedanken an den Konflikt schleichen sich ein und wir können nicht mehr abschalten. Wir denken immer wieder an die Bemerkung, die unser Geschäftspartner gemacht hat, usw. Solche inneren Dialoge finden in der Vergangenheit oder in der Zukunft statt, jedoch nicht in der Gegenwart. Denn die Gegenwart ohne Vergangenheit und Zukunft ist meistens gar nicht so schlimm.

Am besten und radikalsten bringt dies Eckhart Tolle in seinem Buch „Jetzt! Die Kraft der Gegenwart" auf den Punkt.[74] Tolle plädiert dafür, den Augenblick uneingeschränkt zu akzeptieren. Denn, so sagte er, was ist verrückter, als sich gegen die Gegenwart aufzulehnen. Man muss nicht die spirituellen Aussagen von Tolle teilen, aber in der Radikalität des „Jetzt" liegt eine große Kraft. Im „Jetzt" sind wir in der Lage, die Situation zu meistern.

Menschen stresst – von Extremsituationen abgesehen – weniger der Moment selber, als die Ängste und Sorgen in Bezug auf die Zukunft, oder der Ärger und die Verletzungen aus der Vergangenheit. Wenn es uns gelingt, in Konflikten besser im Hier und Jetzt zu bleiben, werden wir freier und gelassener. Hauptsächlich müssen wir uns mit dem Konflikt dann nur in dem unmittelbaren Moment befassen.

Angenommen, Ihr Chef knallt Ihnen am Freitagnachmittag noch eine Ladung Arbeit aufs Pult. Sie sind außer sich, weil Sie am Wochenende keine Zeit haben und wissen, dass Sie jetzt am Freitagabend noch eine Nachtschicht einlegen müssen. Sie haben hier eindeutig einen Konflikt, über den Sie mit ihrem Chef sprechen müssen. Nur im Augenblick ist nicht der Moment. Wenn Sie die folgenden Stunden damit verbringen, sich über Ihren Chef und sein unerhörtes Verhalten aufzuregen, benötigen Sie für Ihre Arbeit mindestens doppelt so lange. Zudem gehen Sie mit Stresshormonen im Blut nach Hause. Vermutlich ist auch noch das Wochenende ruiniert, weil Ihnen die Sache ständig nachläuft. Bleiben Sie im Jetzt, machen Sie Ihre Arbeit, und das Gespräch mit dem Chef kann am Montag stattfinden, und dann, und nur dann, ist der Moment, um sich mit dem Problem auseinanderzusetzen.

Bleiben Sie unabhängig

Worum auch immer es ging. Konflikte, die nicht oder nicht so gelöst werden konnten, wie wir es uns wünschen, haben immer mit Verlusten zu tun: dem Verlust des Zweierbüros, dem Verlust einer interessanten Arbeit, dem Verlust an Bedeutung aufgrund der nicht erfolgten Beförderung, dem Verlust von Anerkennung, oder sei es auch nur dem Verlust der Topfpflanze, weil die Kollegin allergisch darauf reagiert.

Der Buddhismus sagt, dass Leiden eine Folge der Anhaftung an Dinge und Menschen ist. Und auch Konflikte stressen Menschen vielfach deswegen, weil sie an ihrer gegenwärtigen Situation und Position hängen. Manchmal können Menschen eine berufliche Kränkung nicht überwinden und sind auch nicht in der Lage, die Konsequenzen zu ziehen. Oft engagieren sich solche Menschen stark für ihre Arbeit und identifizieren sich mit ihr. Oder sie denken, dass sie keine vergleichbare Arbeit mehr finden können.

Es ist jedoch nicht empfehlenswert, zu stark an seiner Position zu hängen. Wie bereits gesehen, können sich die Dinge von einem Moment auf den andern ändern. Wir sind nur ein Rädchen im Getriebe und können den Lauf der Dinge nur begrenzt beeinflussen. Früher, als die Arbeit noch hart und mühselig war, haben Menschen ihre Arbeitsleistung primär gegen Entgelt zur Verfügung gestellt. Ich gebe dir meine Arbeitskraft, du gibst mir Lohn. Heute ist das (gottlob) in vielen Bereichen anders. Die Arbeit ist nicht mehr lediglich Broterwerb, sondern auch Lebenserfüllung. Man möchte sich verwirklichen, sein Potenzial ausschöpfen, seine Ziele erreichen, und für so mache und manchen ist die Firma zum Familienersatz geworden.

Es ist natürlich schön, wenn das so ist. Aber häufig ist es eben nicht der Fall. Denn ein Unternehmen oder eine Organisation ist auch ein Ort der Konkurrenz und der laufenden Veränderung. Somit gelten dort andere Regeln als in einer Familie. Manche Menschen erwarten schlicht zu viel von ihrem Arbeitsplatz. Es ist völlig in Ordnung, auch einmal in einem Konflikt zu scheitern, ohne gleich seinen Selbstwert zu verlieren. Denn es hat nicht unbedingt etwas mit Ihnen zu tun. Sie können in zwei vordergründig vergleichbaren Situationen das Gleiche tun, und im einen Fall reüssieren und im anderen scheitern. Halten Sie deshalb einen gewissen emotionalen Abstand zu Ihrer Arbeit (auch wenn das die Personalchefs von Google und Co. nicht gerne hören). Schaffen Sie sich einen Ausgleich und bauen Sie sich außerhalb der Arbeit ein Umfeld auf, in dem Sie geschätzt werden so wie Sie sind und Rivalitäten keine Rolle spielt.

Wie werden Sie in 10 Jahren darüber denken?
Wenn Menschen in Konflikten stecken bleiben, ergreifen diese von ihnen Besitz und lassen sie nicht mehr los. Der Konflikte beansprucht dann unverhältnismäßig viel Raum und bringt den Menschen letzten Endes, so hart es klingt, um wertvolle Lebenszeit.

Das Leben geht weiter, sagt der Volksmund, wenn etwas Schlimmes passiert ist. Ob ein Konflikt schlimm ist oder nicht, liegt im Auge des Betrachters. Deshalb macht es keinen Sinn, wenn gute Freunde jemandem raten, er oder sie solle es doch einfach etwas lockerer nehmen. Ist der Mensch in dem Konflikt gefangen, ist er gefangen, denn ansonsten würde er sich in dem Moment ja anders verhalten.

Jeder Mensch, der sich einem Konflikt ausgeliefert fühlt, kann und sollte sich jedoch eine wichtige Frage stellen: „Wie werde ich in einem Jahr, in 10 Jahren und letztendlich am Ende meines Lebens über den Konflikt denken? Werde ich dann weiterhin sagen, dass es okay war, so viel Zeit und Energie in den Konflikt zu stecken? Oder werde ich dazumal sagen, dass ich etwas hätte anders machen sollen? Und was werde ich dann einem Menschen raten, der in einer vergleichbaren Situation steckt?

Stellen Sie sich diese Fragen, wenn Sie wieder in einer verfahrenen und belastenden Situation sind. Seien Sie ehrlich mit sich selber. Die meisten Menschen können damit den Konflikt in seiner Bedeutung auf seinen wahren Platz verweisen. Üben Sie sich in einer gewissen Gelassenheit und machen Sie sich nicht selber fertig. Das Leben ist zu kurz dafür.

25. Manchmal hilft eine Mediation

Das Wichtigste in Kürze:

- In einer Mediation werden Konflikte mithilfe eines neutralen Vermittlers, des Mediators oder der Mediatorin, bearbeitet.
- Die Teilnahme an einer Mediation ist in der Regel freiwillig, kann aber auch von oben verordnet werden.
- Der Mediator/die Mediatorin lässt zuerst alle Beteiligten ihre Sicht der Dinge darlegen und versucht dann, durch gezielte Fragen herauszufinden, was den Parteien wirklich wichtig ist.
- Anschließend werden mögliche Lösungen gesammelt und bewertet. Wenn es gelingt, eine Lösung zu finden, die für alle Beteiligten akzeptabel ist, wird dies in einer Vereinbarung festgehalten.
- Mediationen sind umso erfolgversprechender, je weniger der Konflikt bereits fortgeschritten ist und je weniger die Fronten schon verhärtet sind.

Manchmal ist eine Mediation sinnvoll

Bis anhin war die Rede, wie Sie Konflikte direkt mit Ihrem Gegenüber lösen können. Manchmal scheitern die Parteien jedoch in eigener Angelegenheit. Deshalb gibt es standardisierte Verfahren zur Konfliktlösung, die sogenannte Mediation. In einer Mediation wird der Konflikt zwischen zwei oder mehr Parteien nicht direkt bi- oder multilateral gelöst, sondern mit Hilfe eines dafür ausgebildeten Vermittlers. Viele Unternehmen und Organisationen bieten inzwischen interne (der Mediator kommt aus der unternehmensinternen Personalabteilung) oder externe Mediationen (der Mediator ist ein externer Konfliktberater) an.

Professionelle Mediationen umfassen in der Regel fünf Schritte:

1. Phase: Erwartungen der Parteien klären.
2. Phase: Themen, Meinungen und Standpunkte aus Sicht der Parteien aufnehmen.

3. Phase: Interessen und Motive hinter den Positionen herausarbeiten.

4. Phase: Lösungen sammeln und bewerten.

5. Phase: Sich auf eine einvernehmliche Lösung einigen.

Im Folgenden erfahren Sie, wann es sinnvoll ist, in einem Konflikt eine Mediation zu fordern, und wie eine solche Mediation abläuft.

Ablauf einer Mediation

Als Erstes müssen die Betroffenen in eine Mediation einwilligen. So gesehen ist die Mediation eine freiwillige Angelegenheit. Allerdings gibt es auch Unternehmen, die ihren Mitarbeitenden eine Mediation verordnen. Interessanterweise führen verordnete Meditationen zum gleich guten Ergebnis wie freiwillige Mediationen.

Sodann sind die Erwartungen zu klären, die an die Mediation gestellt werden. Wenn die Parteien von sich aus eine externe Mediation suchen, werden sie ihre Erwartungen direkt mit dem Mediator besprechen. Wenn der oder die Vorgesetzte die Mediation vorschlägt, wird er oder sie die Erwartungen klären.

In der Buchhaltung eines mittelgroßen Dienstleistungsunternehmens hängt der Haussegen zwischen Noemi K. und Hermann S. schief.[75] *Vor zwei Monaten hat Noemi K. als personelle Unterstützung von Hermann S. ihre Stelle angetreten. Doch die anfängliche Euphorie von Noemi K. hat sich schnell gelegt. Herr S. ist überarbeitet, erklärt ihr die Aufgaben nicht richtig und regt sich wegen jeder Kleinigkeit auf. Auch Hermann S. ist mit der Situation nicht glücklich. Eigentlich hatte er sich eine Entlastung versprochen, doch anstatt weniger Arbeit hat er jetzt mehr am Hals, da er auch noch Frau K. einarbeiten muss. Und vor allem kommt sie mit jeder Kleinigkeit zu ihm und macht laufend Fehler, die er korrigieren muss.*

Noemi K. findet, dass man von ihr nicht erwarten kann, ohne saubere Einführung gute Arbeit zu leisten, und dass Herr S. schlecht organisiert ist. Als Hermann S. wieder einmal unter Druck ist und zwei Fehler findet, ist es mit seiner Selbstbeherrschung vorbei. Die Situation eskaliert. Er wirft

Noemi K. fachliche Inkompetenz vor. K. ist fassungslos und verlässt wortlos sein Büro. Danach reden die beiden nur noch das Nötigste miteinander. Der Abteilungsleiter Marco R. erfährt von dem Streit. Weil er mit einer Mediation schon einmal gute Erfahrungen gemacht hat, schlägt er Noemi K. und Hermann S. vor, die Situation mit Hilfe von Mediator Frank H. zu klären. Frau K. findet das eine gute Sache, Herr S. stimmt nach einigem Zögern ebenfalls zu.

Die Mediation tritt in die zweite Phase. Der Mediator nimmt die Themen, Meinungen und Standpunkte der Parteien auf. Damit stellt er sicher, dass alle Beteiligten vom Gleichen sprechen. Er lädt die Parteien ein, zuerst ungefiltert alles zu erzählen, was Ihnen wichtig ist. Diese Phase ist in der Mediation sehr wichtig, weil die Betroffenen oft zum ersten Mal ihr Bild des Konfliktes darlegen können, ohne unterbrochen zu werden. Je nach Situation führt der Mediator in dieser Phase zuerst Einzelgespräche mit den Parteien. Im nachfolgenden Beispiel steigen die Beteiligten ohne Einzelgespräche direkt in die Mediation ein.

Hermann S. und Noemi K. begrüßen sich sehr kurz und knapp und versuchen, so weit wie möglich voneinander Platz zu nehmen, was an dem runden Tisch gar nicht so einfach ist. Als Erstes klärt Mediator Frank H. die Situation. Beide Parteien sind der Ansicht, dass ihr Arbeitsverhältnis stark belastet ist, und dass es so nicht weitergehen kann.

Da Hermann S. der Ältere und schon länger im Betrieb Anwesende ist, lässt Frank H. ihn zuerst seine Sicht der Dinge schildern. Hermann S. erzählt, wie die Arbeitsbelastung in den letzten zwei Jahren zugenommen hat. Er hatte sich von Noemi K. eine Entlastung erhofft, und nun ist das Gegenteil eingetreten: Frau K. kommt laufend mit Fragen zu ihm, macht Fehler und ist nicht in der Lage, die Dinge selbstständig zu bearbeiten. Hermann S. ist mit seiner Kraft manchmal am Ende, und dann regt ihn die Unbekümmertheit von Noemi K. auf. Das ist hier schließlich ein Unternehmen und kein Ponyhof.

*Anschließend legt Noemi K. ihre Sicht dar. Sie kommt von der kauf-
männischen Schule, sie hat einen guten Abschluss und dies ist ihre erste
Stelle. Sie hatte sich darauf gefreut, und nun das. Dass sie noch nicht alles
wissen kann und erst ausführlich eingearbeitet werden muss, ist ja wohl
selbstverständlich und wurde ihr auch so versprochen. Die Arroganz und
ablehnende Haltung von Hermann S. macht sie fertig. Jedes Mal, wenn
sie mit S. etwas klären möchte, winkt dieser gestresst ab. Gleichzeitig
kritisiert er jede Kleinigkeit, die nicht seinen Vorstellungen entspricht.
Noemi K. machen diese Reaktionen zu schaffen und sie hat zum ersten
Mal im Leben Angst, Fehler zu machen. So möchte sie mit Hermann S.
nicht weiter zusammenarbeiten.*

*Und auch Hermann S. erklärt, dass er die Situation unerträglich fin-
det. Am liebsten hätte er eine neue Mitarbeiterin. Während er redet,
verschränkt er die Arme vor seinem Körper. Noemi K. steigt das Blut ins
Gesicht. S. wolle sie wohl rausekeln. Das lasse sie sich nicht bieten. Sie
habe bei ihrer Anstellung nichts verschwiegen und wenn Hermann S.
nicht in der Lage ist, seine Funktion als Betreuer auszuführen, dann ist
das nicht ihr Problem.*

*Nachdem beide ihr Bild des Konfliktes dargelegt haben, stellt Media-
tor Frank H. die einzelnen Argumente zusammen und zeigt auf, welche
strittigen Punkte zu klären sind.*

Die Mediation tritt jetzt in die dritte Phase. Der Mediator muss die
Parteien dazu bringen, sich von den gegenseitig ausschließenden Positionen wegzubewegen. Der Mediator versucht hierzu, durch gezieltes
Fragen herauszufinden, was den Beteiligten wirklich wichtig ist. Wenn
der Konflikt noch nicht zu weit fortgeschritten ist, wird es dem Mediator durch seine Fragen und die Klärung der Situation gelingen, dass die
Beteiligten wieder ohne allzu große Animositäten miteinander sprechen können und bereit sind, eine Lösung zu finden.

Durch geschicktes Fragen erfährt Mediator Frank H., dass unter den ständigen Überstunden von Hermann S. inzwischen auch dessen Beziehung leidet. Des Weiteren hat S. eine alte Mutter, die er nach dem Tod des Vaters nicht einfach sich selbst überlassen kann. Außerdem möchte er schon lange eine Weiterbildung machen, findet hierzu aber keine Zeit. Und so wie es mit Noemi K. aussieht, ist keine Lösung in Sicht. Er dreht sich im Kreis und kann schlicht nicht mehr.

Noemi K. schaut Hermann S. mit einer gewissen Betroffenheit an. Das hatte sie nicht gewusst. Hermann S. ist eher ein verschlossener Mensch und kommuniziert nicht über Privates. Noemi K. zeigt erstmals Verständnis für das Verhalten von Hermann S. Sie ist selber sehr frustriert, dass sie die Arbeit nicht so gut machen kann, wie sie möchte. Sie hatte gute Noten in ihrem Abschluss und freute sich darauf, ihr Können unter Beweis zu stellen. Aber weil ihr entscheidende Informationen fehlen, ist das nicht möglich. Zudem stellt sie fest, dass ihr für die spezifische Arbeit gewisses fachliches Wissen fehlt. Sie wünscht sich eine grundlegende Anerkennung ihrer Fähigkeiten, auch wenn sie noch nicht alles perfekt machen kann. Und sie möchte die fachlichen Lücken so schnell wie möglich schließen. Hermann S. schaut Noemi K. zum ersten Mal, seit die Mediation begonnen hat, direkt an und atmet tief durch.

In der vierten Phase lädt der Mediator die Parteien ein, Lösungen zu entwickeln. Die Parteien sollen Vorschläge unterbreiten, und zwar in einem offenen, kreativen und wertfreien Prozess. Wenn alle möglichen Lösungen zusammengestellt sind, werden diese gemeinsam bewertet. Ziel ist es, eine Lösung zu finden, die für alle tragbar ist.

Nachdem sich die Atmosphäre sichtlich zu entspannen beginnt, ermuntert der Mediator Hermann S. und Noemi K., Ideen zu sammeln, wie sie das Problem angehen könnten. Dabei betont er, dass es erst einmal darum geht, wie bei einem Brainstorming alle Ideen zusammenzutragen, unabhängig davon wie machbar sie sind.

Hermann S. und Noemi K. haben diverse Ideen: eine firmeninterne Weiterbildung für Noemi K., eine täglich fest vereinbarte Zeit, in der sie sich treffen, sodass Hermann S. in der übrigen Zeit ungestört arbeiten kann, einen Teil der Arbeit nach Indien auslagern (beide lachen), eine Auszeit für Hermann S., einen weiteren Spezialisten einstellen, auch mal ein Lob für Noemi K. und nicht nur Tadel, etc.

Nachdem alle Ideen auf dem Tisch liegen, lädt Mediator Frank H. die Parteien ein, die Vorschläge zu bewerten. Ein tägliches festes Treffen lässt sich sofort umsetzen und scheint beiden hilfreich. Auch muss Noemi K. die Sicherheit haben, dass Hermann S. ihre Arbeit grundsätzlich anerkennt. Hermann S. und Noemi K. werden des Weiteren unverzüglich das Gespräch mit dem Abteilungsleiter Marco R. suchen, um die Möglichkeiten einer fachlichen Vertiefung für Noemi K. zu erörtern. Schwieriger erscheint die Auszeit von Hermann S. Im Moment ist es nicht möglich, aber vielleicht kann er ein Sabbatical machen, wenn Noemi K. fachlich fit ist und den Laden kennt. Einen weiteren Spezialisten wird es vermutlich nicht brauchen, sobald sich die Abläufe eingespielt haben. Außerdem hatte der Betrieb neulich erst einen Personalabbau. Und Indien ist auch keine Option, außer Hermann S. möchte sich dort in einer Ayurveda-Kur bei 30 Grad mit Öl übergießen lassen und neue Kräfte tanken. Hermann S. verwirft die Hände. Alle lachen.

Im abschließenden fünften Schritt arbeitet der Mediator eine sogenannte „Vereinbarung" aus. Sie enthält alle wichtigen Punkte, auf die sich die Beteiligten geeinigt haben und dient ihnen zukünftig als Anhaltspunkt. Zudem erhält im vorliegenden Fall auch der Abteilungsleiter die Information, welche Maßnahmen die Beteiligten als zweckmäßig erachten.

Keine Angst vor einer Mediation

Viele Menschen scheuen sich, eine Mediation in Anspruch zu nehmen oder in eine Mediation einzuwilligen. Sie betrachten es als Schwäche, einen Konflikt nicht selber lösen zu können und befürchten, ihr Inneres offenlegen zu müssen. Diese Sorgen sind jedoch unberechtigt. Wenn der Mediator bzw. die Mediatoren ihr Handwerk beherrschen, dann werden sie alles vermeiden, was den Beteiligten das Gefühl gibt, in einer psychologisch heiklen Situation zu sein. Es ist nun einmal so, dass Menschen in eigener Angelegenheit befangen sind und nicht unbedingt ihr Bestes geben. Deshalb vertreten sich Anwälte nicht in eigener Sache, und Chirurgen operieren nicht enge Familienangehörige. Mediatoren können die Emotionen aus einer Situation herausnehmen, durch gezieltes Fragen mögliche Kränkungen auflösen und die wahren Interessen aller Beteiligten aufdecken. Wenn sich abzeichnet, dass ein Konflikt aus eigener Kraft nicht gelöst werden kann und die Situation einen belastet, dann sollte man nicht allzu lange warten, eine Mediation in Anspruch zu nehmen. Denn wenn der Konflikt eskaliert (vgl. Kapitel 11) kann auch eine Mediation nichts mehr ausrichten.

Auch eine gescheiterte Mediation schafft Erkenntnisse

Nicht jede Mediation gelingt. Ist der Konflikt schon weit fortgeschritten, dann sinken die Erfolgschancen einer Mediation. Doch auch eine Mediation, die scheitert, liefert ein Ergebnis, das Klarheit schafft.

Der Abteilungsleiter in einer sozialen Einrichtung erfährt in einem Teamworkshop, dass sich seine Abteilung bereits länger von ihm abgewandt hat. In der anschließenden Klärung des Konfliktes unter externer Leitung wird deutlich, dass die Fronten schon zu verhärtet sind. Das Team kann sich eine Arbeit unter dem Abteilungsleiter nicht mehr vorstellen.

Auf den ersten Blick scheint die Vermittlung gescheitert. Im Anschluss sucht die Mediatorin das Gespräch mit dem Vorgesetzten des Abteilungs-

leiters. Sie erfährt, dass dieser keine andere Lösung sieht, als dass der Abteilungsleiter die Organisation verlässt. Er tut sich aber schwer damit, denn Kündigungen sind in der Kultur der Organisation äußerst selten.

Im Gespräch erfährt die Mediatorin von dem Abteilungsleiter, dass dieser nicht mehr bleiben möchte. Er möchte aber auch nicht von sich aus kündigen, solange er noch keine andere Stelle hat. Man einigt sich darauf, dass der Abteilungsleiter aus dem ungekündigten Arbeitsverhältnis heraus eine neue Stelle sucht. Drei Monate später verlässt er die Organisation.

26. Wenn Menschen nach anderen Regeln funktionieren

Das Wichtigste in Kürze:

- In Deutschland haben rund 8 Prozent der Menschen eine Persönlichkeitsstörung. Es besteht somit eine gewisse Wahrscheinlichkeit, dass Sie es irgendwann mit Menschen zu tun haben, die nach anderen Regeln als der Durchschnitt funktionieren.
- Persönlichkeitsstörungen sind inflexible und überdauernde Verhaltensmuster, welche die soziale Funktionsfähigkeit beeinträchtigen.
- Besonders problematisch im sozialen Umgang ist die antisoziale Persönlichkeitsstörung (auch Psychopathie genannt). Sie zeichnet sich durch ein schwach ausgebildetes Gewissen und teilweise aggressives und rücksichtsloses Verhalten aus. Die Häufigkeit beträgt bei Männern 3 Prozent, bei Frauen 1 Prozent.
- Menschen mit Persönlichkeitsstörungen können beruflich sehr erfolgreich sein, da sie Eigenschaften mitbringen, die den beruflichen Aufstieg begünstigen.

Persönlichkeitsstörungen sind keine Randerscheinung

Jeder kennt sie. Menschen, die aggressiv, bedürftig, ungeduldig, launisch oder selbstbezogen sind. Während es sich bei den meisten um eine Ausprägung ihrer „normalen" Persönlichkeit handelt, gibt es extreme Ausprägungen eines Persönlichkeitsstils. Er zeichnet sich durch unflexible, starre und unzweckmäßige Züge in der Persönlichkeit aus. Teilweise beeinträchtigen diese die Lebensqualität der Betroffenen und führen zu Konflikten mit ihrer Umwelt.

In Deutschland haben rund 8 Prozent der Bevölkerung eine Persönlichkeitsstörung.[76] Die meisten dieser Menschen leben unter uns und man sieht ihnen die Störung nicht an. Menschen mit Persönlichkeitsstörungen funktionieren nach anderen Regeln. Daher treten mit diesen

Menschen eher Konflikte auf und sie sind schwieriger zu lösen. Nicht jede unlösbare und unangenehme Situation wurzelt natürlich in einer Persönlichkeitsstörung. Aber bei einem Anteil von ca. 8 Prozent an der Gesamtbevölkerung werden Sie mit einer gewissen Wahrscheinlichkeit irgendwann solchen Menschen begegnen.

Es ist natürlich heikel, als Laie Menschen etwas zuzuschreiben und sie zu schubladisieren. Dieses Kapitel kann und soll kein Diagnoseinstrument sein und allgemein verbindliche Anleitungen für den Umgang mit persönlichkeitsgestörten Menschen geben. Die folgenden Beschreibungen sollen lediglich Ihr Verständnis für Verhaltensweisen fördern, die von der Norm abweichen. Wenn Sie das Verhalten einzelner Menschen schlicht nicht nachvollziehen können und immer wieder in einen (meist unlösbaren) Konflikt mit ihnen geraten, dann haben Sie es unter Umständen mit einem Menschen mit einer Persönlichkeitsstörung zu tun, der nach anderen Regeln funktioniert. Was das für Sie und den Umgang mit dem betreffenden Menschen bedeutet, hängt stark vom Einzelfall ab. Im Zweifelsfall müssen Sie davon ausgehen, dass sich nichts ändern wird und daraus die für Sie geeigneten Konsequenzen ziehen.

Arten von Persönlichkeitsstörungen

Die Persönlichkeitsstörungen werden in drei Hauptgruppen unterteilt.[77] Hauptgruppe A umfasst unter den Stichworten „sonderbar, exzentrisch" die paranoiden und schizoiden Persönlichkeitsstörungen. Hauptgruppe B fasst unter den Stichworten „dramatisch, emotional, launisch" die histrionische[78], narzisstische, dissoziale und die Borderline-Persönlichkeitsstörung zusammen. In der Hauptgruppe C finden sich Persönlichkeitsstörungen, die Verhaltensmerkmale aus dem Bereich der Angststörungen aufweisen. Stichworte sind „selbstunsichere, abhängige und zwanghafte" Persönlichkeitsstörung. Im Übrigen sind

Persönlichkeitsstörungen zwischen Männern und Frauen gleichmäßig in der Bevölkerung verteilt. Nur die dissoziale Störung tritt bei Männern deutlich häufiger auf als bei Frauen.

Im Folgenden werden kurz jene Persönlichkeitsstörungen beschrieben, die primär für Konflikte im beruflichen Leben verantwortlich sein können.

Paranoide Persönlichkeitsstörung: Menschen mit paranoider Persönlichkeitsstörung sind misstrauisch, abwartend und immer darauf gefasst, von anderen angegriffen oder verletzt zu werden. Auf Kritik reagieren sie überempfindlich und zeigen übertriebene und unangemessene Reaktionen in Konflikten oder Streitigkeiten. Fühlen sie sich benachteiligt oder angegriffen, gehen paranoide Persönlichkeiten zum Gegenangriff über. Gleichzeitig können diese Menschen Situationen gut analysieren und haben einen scharfsinnigen Verstand. Die paranoide Persönlichkeitsstörung tritt bei 1 Prozent der Bevölkerung auf.

Narzisstische Persönlichkeitsstörung: Narzisstische Persönlichkeiten wirken oft anspruchsvoll, arrogant oder überheblich. Nach außen hin geben sie sich sehr selbstbewusst, sind aber gleichzeitig äußerst empfindsam, verletzlich und können mit Kritik nur schwer umgehen. Sie verfügen häufig über ein schwaches und vor allem brüchiges Selbstwertgefühl, das sie durch die Inszenierung einer großartigen Fassade verstecken. Die Menschen können in existenzielle Krisen mit großer innerer Verzweiflung geraten, was bis zum Suizid führen kann. Die narzisstische Persönlichkeit weist mit 14 Prozent die höchste Suizidrate auf. Bis heute fehlen verlässliche Zahlen über die Häufigkeit des Auftretens in der Bevölkerung.[79]

Emotional instabile Persönlichkeitsstörung (Borderline-Typus): Es werden zwei Erscheinungsformen der emotional instabilen Persönlichkeitsstörung unterschieden: der impulsive Typus mit emotionaler Instabilität und mangelnder Impulskontrolle und der Borderline-

Typus. Der Borderline-Typus umfasst die Kriterien des impulsiven Typus und zusätzlich weitere Merkmale. Die Borderline-Störung ist ein schweres psychiatrisches Krankheitsbild. Insgesamt leiden etwa 2 Prozent der Allgemeinbevölkerung an der Krankheit. Die Betroffenen erleben sich als Opfer ihrer heftigen Stimmungen und neigen zu selbstschädigendem, manchmal auch fremdaggressivem Verhalten. Sie wirken sehr launisch und reagieren sensibel auf Zurückweisung. Die Betroffenen beschreiben, dass sie sich „fremd" vorkommen, sich nicht mit sich selbst identifizieren können.

Antisoziale Persönlichkeitsstörung: Die dissoziale oder antisoziale Persönlichkeitsstörung, früher auch als Psychopathie bezeichnet, ist geprägt von einer Neigung zu aggressivem Verhalten und zu Gewalttätigkeit. Dissoziale Persönlichkeiten sind schnell reizbar, impulsiv, haben eine geringe Frustrationstoleranz, und eine Teilgruppe der Betroffenen hat kein Einfühlungsvermögen. Langfristige Konsequenzen einer Handlung oder mögliche Alternativen werden scheinbar nicht bedacht. Alltägliche Routine im Beruf oder in der Partnerschaft führt bei den Betroffenen schnell zur Langeweile und einem Gefühl des Unbehagens. Daher suchen sie nach Aufregung, Abenteuer und Abwechslung. Im zwischenmenschlichen Bereich sind dissoziale Persönlichkeiten unzuverlässig, und z. T. manipulieren und missbrauchen sie andere Menschen. Ihr eigener Vorteil steht im Vordergrund des Handelns. In der Allgemeinbevölkerung haben 3–7 Prozent der Männer und 1–2 Prozent der Frauen eine dissoziale Persönlichkeit.

Selbstunsichere Persönlichkeitsstörung: Die betroffenen Menschen sind schüchtern, fühlen sich gehemmt und unsicher in vielen zwischenmenschlichen Situationen. Sie isolieren sich aus Angst vor negativer Bewertung, Kritik oder Zurückweisung, stehen nicht gerne im Mittelpunkt und haben Schwierigkeiten, vor Menschen zu sprechen. Sie erleben sich selbst als minderwertig und meiden daher Kontakt zu anderen Menschen. Von anderen werden sie dagegen als Freunde und Helfer geschätzt, weil sie oft sensibel, feinfühlig und rücksichtsvoll sind. Die selbstunsichere oder ängstlich-vermeidende Persönlichkeitsstörung ist mit einer Häufigkeit von 3–5 Prozent in der Allgemeinbevölkerung verhältnismäßig weit verbreitet.

Anankastische (zwanghafte) Persönlichkeitsstörung: Zwanghafte Persönlichkeiten wirken nach außen hin oft ordentlich und korrekt. Sie sind bemüht, keine Fehler zu machen. Ihre Genauigkeit und Zuverlässigkeit wird (besonders im Beruf) sehr geschätzt, doch sie stellen ihre eigenen hohen Erwartungen auch an andere. Das führt zu zwischenmenschlichen Konflikten, da es ihnen an Leichtigkeit und Spontanität mangelt. Aufgrund ihrer Überkorrektheit und Unfähigkeit zur Arbeitsteilung können sie vor allem im weiteren Lebensweg Erschöpfungszustände erleiden.

Persönlichkeitsstörung und Leistung

Der Begriff der Persönlichkeitsstörung ist im Volksmund mit einem negativen Image belegt und impliziert eine gewisse „Unzulänglichkeit". In der klinischen Psychologie bedeutet „Persönlichkeitsstörung" jedoch nur, dass einige fehlangepasste Verhaltensmuster die soziale Funktionsfähigkeit von Menschen beeinträchtigen, ohne dass sie depressiv sind oder Wahnvorstellungen haben. Persönlichkeitsstörungen zeichnet aus, dass die Muster sehr unflexibel und unangepasst sind und in bedeutsamer Weise zu Beeinträchtigungen der sozialen Funktionsfähigkeit oder subjektivem Leiden führen.

Bei bestimmten Menschen führt die Abweichung von der Norm aber auch zu überdurchschnittlichen Leistungen. Nach Ansicht des Psychologe Borwin Bandelow leiden beispielsweise viele Stars am Borderlinesyndrom.[80] Das Genie von Steve Jobs ging vermutlich mit einer narzisstischen Persönlichkeitsstörung einher.[81] Der Nobelpreisträger John Nash, Erfinder der Spieltheorie, litt an Schizophrenie.[82]

Zwischen Genie und Wahnsinn liegt somit ein schmaler Grat, der mitunter in den Abgrund führt. Hierzu gehören die psychisch gestörten Aufsteiger, die auf ihrem Weg an die Spitze erst die anderen, dann das ganze Unternehmen und letztendlich auch sich selbst schädigen.

Der britische Psychologe Kevin Dutton hat sich mittels eines elektromagnetischen Feldes in den Zustand eines Psychopathen versetzen lassen. Dabei wurde – vereinfacht ausgedrückt – jener Teil des Gehirns außer Kraft gesetzt, der dafür verantwortlich ist, wie wir Dinge und Situationen fühlen und empfinden. Was Dutton erschreckte, war die absolute Gefühlskälte, die er empfand. Mit Entsetzen stellte er zudem fest, dass diese Gefühlskälte ein angenehmer Zustand ist: *„Ich fühlte mich großartig! Es war ein bisschen wie betrunken sein, aber ohne die Trägheit und Müdigkeit von Alkohol. Ich war enorm fokussiert und platzte vor Selbstvertrauen."*[83]

Dutton ist davon überzeugt, dass zahlreiche Psychopathen in der Geschäftswelt erfolgreich sind. Denn Psychopathen halten sich für grandios, können extrem charmant sein, kennen weder Skrupel noch Reue noch Angst und wissen, wie man andere geschickt für die eigenen Zwecke nutzt.

Eine andere Ausprägung, die in der Geschäftswelt und häufig auch in oberen Führungspositionen anzutreffen ist, sind die Narzissten. Sie sind ehrgeizig und hoch motiviert und können andere von ihren Ideen überzeugen. Sie sind auch risikofreudiger, wenn es um Entscheidungen geht. Eine Analyse der Investitionsentscheidungen von Pharmaunternehmen zwischen 1980 und 2008 ergab, dass ein Unternehmen umso häufiger in neue Technologien investierte, je narzisstischer der jeweilige CEO war.[84] Narzissten und Psychopathen weisen gewisse Ähnlichkeiten auf, indem sie andere Menschen eher als Objekte betrachten, die ihrer eigenen Bedürfnisbefriedigung dienen. Ihre Motive sind jedoch unterschiedlich. Der Narzisst verlangt Anerkennung und Bestätigung und fordert, dass die anderen seine besonderen Qualitäten bemerken und würdigen. Den Psychopathen quält das Verlangen nach Bestätigung dagegen weniger als den Narzissten. Es ist eher so, dass der inneren Welt des Psychopathen alles zu fehlen scheint, was Wertschätzung erfahren könnte: Sie ist karg und beherbergt nichts, was empfänglich wäre für Bestätigung.[85] Es fehlen ihm oder ihr die Mechanismen, in einer ethisch oder moralisch reziproken Weise zu reagieren.[86]

Das Ausnutzen von anderen Menschen ist beim Psychopathen daher räuberischer als beim Narzissten. Ein Beispiel für einen Wirtschafts-Psychopathen ist der betrügerische Spekulant Bernard Madoff. Kevin Dutton sagt dazu: *„Ein normaler Mensch würde [...] kotzen, wenn er gerade eine Milliarde versemmelt hätte. Der Psychopath geht unverdrossen nach Hause und denkt nicht mehr daran."*[87]

Und der Psychologe Mark Goulston sagt zum Umgang mit Narzissten und Psychopathen: Narzissten müssen nicht notwendigerweise schlechte Menschen sein. Manche sind nur verwöhnt. Im Umgang mit Narzissten dürfen Sie einfach keine gleichwertige Beziehung erwarten. Und Sie sollten davon ausgehen, dass der Narzisst nur Dinge tut, die in seinem eigenen Interesse sind. Wenn Sie hingegen einem Psychopathen begegnen, sollten Sie eines machen: sich von ihm fernhalten. Denn diese Menschen werden nichts für Sie empfinden, weil sie es nicht können.[88]

27. Wann handelt es sich um Mobbing?

Das Wichtigste in Kürze:

- Mobbing ist ein häufiges Phänomen. Ca. 11 Prozent aller Beschäftigten in Deutschland wurden schon einmal Opfer eines Mobbings.
- Mobbing bedeutet, dass jemand, mit dem Ziel, ihn loszuwerden, am Arbeitsplatz systematisch und über längere Zeit schikaniert, drangsaliert, benachteiligt oder ausgegrenzt wird.
- Mobbing funktioniert in alle hierarchischen Richtungen. In 40 Prozent geht das Mobbing von der Führungskraft aus, in weiteren 10 Prozent von der Führungskraft gemeinsam mit Mitarbeitenden.
- Es ist sehr schwierig, allein aus einer Mobbingsituation herauszukommen, weil das Ziel des Mobbings gerade darin besteht, der betreffenden Person keine Chance zu bieten. Man sollte auch nicht darauf hoffen, dass sich das Problem von selbst löst, sondern Hilfe suchen.

Mobbing: ein häufiges Phänomen

Das Mobbing begann schleichend. 20 Jahre hatte die Betriebswirtin Christina M. in dem Unternehmen gearbeitet, als die Firma umstrukturiert wurde und sie einen neuen Vorgesetzten erhielt. Danach begannen sich die Schikanen zu häufen. Grüppchen auf dem Flur lösten sich auf, sobald sie dazu kam, und wenn sie das Büro verließ, erhielt sie schiefe Blicke. Fast täglich wurde sie kritisiert und vor dem versammelten Team bloßgestellt. Mehrfach wurde sie aus dem E-Mail Verteiler entfernt und versäumte so wichtige Informationen und Meetings. Schließlich wurde sie in ein Büro abseits versetzt, in dem sie gänzlich isoliert war. Aus Angst vor dem Verlust des Arbeitsplatzes arbeitete Christina M. noch sorgfältiger und fleißiger und geriet in einen Teufelskreis aus Selbstüberforderung und Erschöpfung. Doch egal, was sie machte, es war nicht richtig und genug. Auch als sie das Problem ihrem Vorgesetzten gegenüber ansprach, meinte dieser lapidar: „Das Problem sind Sie selbst." Am Ende ihres Leidenswegs erlitt Christina M. ein Burn-out. Sie musste sich in Therapie begeben und war nicht mehr in der Lage, an ihren alten Arbeitsplatz zurückzukehren. In der Therapie erkannte sie, dass sie systematisch gemobbt worden war.[89]

Die deutsche Bundesanstalt für Arbeitsschutz und Arbeitsmedizin hat das Phänomen des Mobbings ausführlich untersucht. Auch wenn der Bericht schon etwas älter ist, dürfte sich an der Realität tendenziell nicht viel geändert haben: 3 von 100 Beschäftigten werden am Arbeitsplatz gemobbt. Bei ca. 37 Millionen Erwerbstätigen sind dies über eine Million Menschen – jährlich. Rechnet man die Mobbingopfer der Vergangenheit hinzu, waren bereits rund 11 Prozent aller Beschäftigten schon einmal von Mobbing betroffen. Der Deutsche Gewerkschaftsbund schätzt den volkswirtschaftlichen Schaden, der durch Mobbing entsteht, auf 15 bis 25 Milliarden Euro pro Jahr.[90]

Wie man Mobbing erkennt

Grundsätzlich lassen sich Mobbinghandlungen in zwei Kategorien unterteilen:

Mobbing auf der Arbeitsebene: Anordnung von sinnlosen Tätigkeiten, Unterschlagung oder Manipulation von Arbeitsergebnissen, Infragestellen der Fähigkeiten einer Mitarbeiterin oder eines Mitarbeiters, unsachliche Kritik an Arbeitsergebnissen.

Mobbing auf der sozialen Ebene: Eine bestimmte Person wie Luft behandeln, demonstratives Schweigen bei Anwesenheit des oder der Betreffenden, Verleumdungen, Anspielungen, kollektives Verlassen des Raumes, wenn ihn der oder die Betreffende betritt.

Der klassische Mobbingprozess durchläuft vier Phasen:

Phase 1: Ungelöster Konflikt. Am Anfang steht meistens ein Konflikt im Raum, der ungelöst bleibt. Es kommt zu ersten Schuldzuweisungen und vereinzelten persönlichen Angriffen.

Phase 2: Psychoterror. Der eigentliche Konflikt gerät in den Hintergrund, während die betroffene Person immer häufiger zur Zielscheibe systematischer Schikanen wird. Damit gehen ein Verlust des Selbstwertgefühls sowie Isolation und Ausgrenzung einher.

Phase 3: Eskalation. Die gemobbte Person ist stark verunsichert, kann sich nicht mehr konzentrieren und macht Fehler. In der Folge erfährt sie Sanktionen wie Abmahnung, Versetzung oder Androhung der Kündigung.

Phase 4: Kündigung. Die Mobber erreichen ihr Ziel. Die betroffene Person kündigt oder wird gekündigt bzw. willigt in einen Auflösungsvertrag ein.

Wer mobbt?

Wie erwähnt findet Mobbing auf allen Hierarchiestufen statt, und zwar horizontal zwischen Kolleginnen und Kollegen, von Vorgesetzten zu Mitarbeitenden und auch umgekehrt. Es gibt nicht das typische Mobbingopfer und auch kein generelles Verhaltensmuster, das vor Mobbing schützt. Es gibt jedoch besonders gefährdete Berufsfelder und Personengruppen. Insbesondere in sozialen Berufen ist Mobbing mehr verbreitet als sonst. Beschäftigte in sozialen Berufen sind einem dreimal so hohen Mobbingrisiko ausgesetzt wie der Durchschnitt. Verkaufspersonal sowie Mitarbeitende im Banken- und Versicherungsbereich haben ebenfalls ein höheres Risiko, Mobbing zu erleiden. Es gibt zudem einige Personengruppen, die ein höheres Risiko tragen, zum Mobbingopfer zu werden: Frauen, Auszubildende und ältere Beschäftigte gehören zu den bevorzugten Opfern.

Hinsichtlich der „Täter" nehmen die Vorgesetzten einen unrühmlichen Spitzenplatz ein. In 40 Prozent der Fälle sind Führungskräfte für den Terror im Büro verantwortlich, in weiteren zehn Prozent mobben Chef und Mitarbeitende gemeinsam. Einige Experten gehen sogar von einer „Bossing-Quote", also Mobbing durch den Chef, von 70 Prozent aus. Die Zahlen sind erstaunlich, wenn man berücksichtigt, dass es erheblich weniger Vorgesetzte als Arbeitskollegen gibt. Beispiele für Bossing sind:[91]

- Mitarbeitende, die sich kritisch verhalten, werden auf eine „Abschussliste" gesetzt.

- Das in Aussicht gestellte Qualifikationsgespräch wird unter fadenscheinigen Gründen immer wieder hinausgezögert bis der oder die Betreffende schließlich entnervt aufgibt und die Kündigung einreicht.

- Wichtige Sitzungen werden absichtlich in die Freizeit der betroffenen Mitarbeitenden verlegt, um diese von Schlüsselinformationen fernzuhalten.

Oft haben die Mobber ein geringes Selbstwertgefühl. Sie vertragen keine Kritik und/oder fühlen sich ihren Mitarbeitenden unterlegen. Für die betroffenen Opfer ist das jedoch ein geringer Trost.

Wie soll man sich verhalten?

Es ist ausgesprochen schwierig, selber aus dem Teufelskreis des Mobbings herauszukommen, ohne zu kündigen. Denn Mobbing hat ja gerade zum Ziel, dass der Konflikt nicht gelöst wird und die betroffene Person entnervt oder seelisch angeschlagen aufgibt. Im Anfangsstadium lassen sich die Konflikte vielleicht noch durch ein klärendes Gespräch lösen. Es ist zumindest einen Versuch wert, auch wenn die Wahrscheinlichkeit groß ist, dass er scheitern wird.

Wer allein nicht weiter kommt, sollte sich an vertrauensvolle Menschen wenden. Fast immer gibt es Kolleginnen und Kollegen, die sich nicht am Mobbing beteiligen und eine äußere Sicht der Ereignisse bieten können. Größere Unternehmen haben zudem Einrichtungen, an die sich die Betroffenen wenden können. Auf jeden Fall sollten die Betroffenen nicht versuchen, das Mobbing zu leugnen und auszusitzen, denn das kann ihnen größeres psychisches Leiden zufügen und sie immer tiefer in den Teufelskreis führen.

Und schließlich noch das: Jeder mobbende Mensch ist nur so stark, wie es das Umfeld zulässt. Wenn Kolleginnen und Kollegen feststellen, dass jemand gemobbt wird, sollten sie schnell eingreifen. Es ist vielleicht nicht jedermanns Sache, direkt gegen den Täter oder die Täterin vorzugehen, aber man kann auf jeden Fall das Opfer unterstützen und stärken.

Leitfaden für Konfliktsituationen

Die Checkliste ist eine Zusammenfassung aller wichtigen Punkte des Buches. Die Liste dient Ihnen in einem Konflikt als Anhaltspunkt, um sich in der Situation zurechtzufinden und die geeigneten Maßnahmen zu ergreifen. Sie müssen die Liste nicht im eigentlichen Sinne „abarbeiten". Vielmehr empfehle ich Ihnen, sich aus den Punkten, die Ihnen besonders wichtig sind, eine eigene Liste zusammen zu stellen, die Ihnen in Konfliktsituationen als Leitlinie dient.

I. Verstehen Sie grundsätzlich, ...

- dass in Konflikten die Beziehung zum Gegenüber vorübergehend gestört ist, was den Konflikt von einer Interessens- bzw. Meinungsverschiedenheit unterscheidet.
- wie Sie Dinge tendenziell wahrnehmen und bewerten, und mit welchen Persönlichkeitstypen Sie die meisten Missverständnisse und Konflikte haben.
- dass die Sicht der Dinge der anderen nicht falsch, sondern einfach nur anders ist.
- welche Bedürfnisse Ihnen besonders wichtig sind und wo Sie Ihre wunden Punkte haben.
- wie gut Sie mit Veränderungen umgehen können.
- wie Sie in Konflikten bevorzugt reagieren und mit welchen Reaktionen der anderen Sie die meisten Probleme haben.
- wann Sie unter Stress kommen und wie Sie unter Stress handeln.

II. Verhalten in Konfliktsituationen

- Achten Sie darauf, wie stark Sie sich im Moment von Emotionen leiten lassen.

- Reagieren Sie nicht spontan, sondern bringen Sie sich erst unter Kontrolle.

- Gehen Sie im Geiste an einen Ort, von dem aus Sie den Überblick haben (Theaterbalkon, Berggipfel) und betrachten Sie die Situation als außenstehender Beobachter.

- Führen Sie Ihr Gegenüber aus dem emotionalen Stress heraus, indem Sie ihn fragen: „Was muss ich noch wissen?", oder ihn auffordern: „Erzählen Sie mir mehr." Damit lassen Sie sich ausführlich dessen Sicht der Dinge darlegen.

- Wenn möglich, machen Sie einen Termin aus, um das Problem in Ruhe zu besprechen.

- Beachten Sie, dass es gute und weniger gute Zeitpunkte und Tageszeiten gibt, um einen Konflikt zu lösen.

- Versuchen Sie nicht, Konflikte via E-Mail oder andere elektronische Medien zu lösen.

- Überlegen Sie, worum es in dem Konflikt genau geht.

- Erkennen Sie, ob in dem Konflikt tieferliegende Bedürfnisse von Ihnen verletzt werden.

- Überlegen Sie sich, inwieweit unterschiedliche Charaktere von Ihnen und Ihrem Gegenüber den Konflikt beeinflussen.

- Prüfen Sie, auf welcher Eskalationsstufe sich der Konflikt befindet und wie verhärtet die Fronten bereits sind.

- Klären Sie, ob Sie den Konflikt wirklich lösen müssen.

- Machen Sie Ihr Wohlergehen nicht von der Reaktion der anderen Seite abhängig.

III. Vorbereitung auf ein Konfliktgespräch

- Betrachten Sie ein Konfliktgespräch wie eine Verhandlung und bereiten Sie sich richtig vor.

- Überlegen Sie, was die wirklich wichtigen Dinge sind, die sich für Sie ändern müssen, damit der Konflikt gelöst ist.
- Wenn Sie mehrere Anliegen haben, priorisieren Sie diese nach ihrer Bedeutung oder Dringlichkeit.
- Überlegen Sie sich genau, welche Alternativen Sie haben, wenn der Konflikt nicht gelöst werden kann.
- Beziehen Sie auch Alternativen mit ein, die auf den ersten Blick nicht sehr attraktiv sind.
- Wenn Sie keine Alternativen haben, dann überlegen Sie sich, ob Sie den Konflikt überhaupt ansprechen möchten und was passiert, wenn die andere Seite nicht auf Ihren Vorschlag eingeht.
- Überlegen Sie, welche gemeinsamen Interessen Sie und Ihr Gegenüber haben könnten.
- Ziehen Sie in Betracht, dass hinter den Reaktionen und Positionen Ihres Gegenübers andere Interessen stecken können als auf den ersten Blick ersichtlich.

IV. Durchführen eines Konfliktgesprächs

- Verstehen Sie, dass bei einer Win-win-Lösung beide Seiten aufgrund guter Kommunikation und kreativer Lösungssuche gewinnen können und arbeiten Sie, wann immer möglich, darauf hin.
- Geben Sie dem Gespräch eine Struktur mit folgendem Ablauf: Einstieg, Darlegung der Probleme und Positionen, Kennen und Verstehen der gegenseitigen Bedürfnisse, kreative Problemlösung, Festhalten der Ergebnisse.
- Achten Sie in der Wahl Ihrer Sprache darauf, dass Sie nicht angreifen, bewerten oder moralisieren.
- Bedenken Sie, dass in einem Satz verschiedene Informationen stecken, auch wenn sie nicht offen ausgesprochen werden: zur Sache an sich, zu dem was für die andere Seite wichtig ist, in welcher Bezie-

hung der Sprechende zum Gegenüber steht, und was die andere Seite tun sollen.

- Formulieren Sie Ihre Eindrücke, Bedürfnisse und Wünsche in der Ich-Form.

- Hören Sie aufmerksam und vorurteilsfrei zu, was die andere Seite zu sagen hat und machen Sie sich ggf. Notizen.

- Stellen Sie nur Fragen, die Ihnen Informationen für die Lösungsfindung liefern und keine Fragen („Warum-Frage"), die aggressiv und inquisitorisch wirken können.

- Fassen Sie das Gehörte immer wieder in eigenen Worten zusammen.

- Lernen Sie, Schweigen auszuhalten, und warten Sie, ob von Ihrem Gegenüber nicht noch mehr kommt.

- Wenn es die Situation erlaubt, fassen Sie die Emotionen Ihres Gegenübers in Worten zusammen und vermitteln Sie ihm oder ihr so das Gefühl, verstanden zu werden.

- In bestimmten Situationen (um Zeit oder zusätzliche Informationen zu gewinnen oder um Ihrer Irritation Ausdruck zu verleihen) können Sie eine Frage mit einer Gegenfrage beantworten. Setzen Sie das Instrument jedoch spärlich ein.

- Wenn Ihr Gegenüber sich der Lösung verweigert mit dem Satz: „Das ist unmöglich", dann fragen Sie ihn oder Sie, was passieren müsste, dass es möglich wird.

- Entkräften Sie „Ja-aber-Argumente", indem Sie nachfragen, worin die Vorbehalte liegen und was die andere Seite als Lösung vorschlagen würde.

- Reagieren Sie auf einen Angriff nicht mit einem Gegenangriff, sondern lenken Sie ihn zurück auf die sachliche Ebene und das Problem.

- Machen Sie erst Kompromisse, wenn es keinen anderen Weg gibt, als sich in der Mitte zu treffen
- Wenn Sie Ihre Anliegen durchsetzen können oder müssen, dann machen Sie es bedacht und achten Sie darauf, dass es bei der anderen Seite kein ungutes Gefühl hinterlässt.
- Markieren Sie eine klare Grenze und lassen Sie nicht zu, dass aggressive Menschen in Ihre persönliche Distanzzone eindringen.
- Bedenken Sie, dass Männer den Konfliktstil „Kämpfen" auf allen Hierarchiestufen signifikant häufiger benutzen als Frauen.
- Wenn Sie eine Frau sind, dann achten Sie darauf, die Normen von traditionell weiblichen Verhalten im Hinterkopf zu behalten, um keinen Nachteil zu erleiden.

V. Umgang mit schwierigen Situationen

- Erkennen Sie, wann ein Konflikt nicht gelöst werden kann.
- Bleiben Sie nicht in dem Konflikt gefangen, sondern richten Sie Ihren Blick auf die Zukunft.
- Erkennen Sie, dass viele Konflikte ihre Ursache in externen Ereignissen haben, die sich Ihrer Kontrolle entziehen.
- Überlegen Sie, was Sie kontrollieren können und was nicht.
- Bleiben Sie im Hier und Jetzt und versuchen Sie immer wieder, zu einem Konflikt Abstand zu gewinnen.
- Halten Sie einen gewissen emotionalen Abstand zu Ihrer Arbeit.
- Überlegen Sie, wie Sie später mit einem gewissen Abstand auf den Konflikt zurückblicken werden.
- Verstehen Sie, was in einer Mediation passiert und scheuen Sie sich nicht, bei schwierigen Konflikten die Hilfe eines neutralen Vermittlers zu suchen.

- Bedenken Sie, dass immer wieder auftretende und unlösbare Konflikte ihre Ursache auch in einer Persönlichkeitsstörung Ihres Gegenübers haben können.

- Wenn Sie einen Narzissten als Vorgesetzten oder Kollegen haben, seien Sie darauf vorbereitet, dass der Mensch empfindlich auf Kritik reagiert und erwarten Sie nicht allzu viel Anerkennung für Ihre Leistungen.

- Wenn Sie es mit einem Menschen mit einer dissozialen Störung (Psychopathen) zu tun haben, halten Sie sich von ihm fern, denn diese Menschen können nicht in einer ethisch oder moralisch reziproken Weise reagieren.

- Erkennen Sie, wann Sie nicht mehr einen Konflikt haben, sondern es sich um Mobbing handelt.

- Bedenken Sie, dass es sehr schwierig ist, aus einer Mobbingsituationen herauszukommen, weil das Ziel des Mobbings gerade darin besteht, Ihnen keine Chance zu lassen.

Verweise

[1] Die Zahlen stammen aus der Konfliktkostenstudie der KPMG aus dem Jahre 2009. http://www.kpmg.de/Presse/14276.htm (Stand: 9.3.2018)).

[2] Ich finde die Aussage von George Kohlrieser, dass Konflikte ihre Ursache in einer gebrochenen Beziehung haben, die beste Beschreibung für eine Konfliktsituation. George Kohlrieser zeigt in eindrücklicher Weise, wie in extremen Situationen, in denen Menschen Geiseln nehmen, die Aufgabe des Geiselunterhändlers darin besteht, eine positive Verbindung zum Geiselnehmer aufzubauen. Erst wenn der Geiselnehmer Vertrauen zum Unterhändler fasst und eine Beziehung zwischen den beiden entsteht, kann der Unterhändler zu dem Menschen und seinen Motiven vordringen und ihn dazu bewegen, die Geiseln freizulassen. George Kohlrieser (2008): Gefangen am runden Tisch. Wiley-VCH.

[3] William Ury (2013): Getting to Yes with yourself and other worthy opponents. New York: HarperCollins Publishers Inc.

[4] Der Kommunikationsforscher Paul Watzlawik zeigt in einem schönen Beispiel, wie ein Mensch seine Interpretation in einer Situation am Ende für real hält: Ein Mann will ein Bild aufhängen, hat jedoch keinen Hammer. Daher beschließt er, sich einen beim Nachbarn zu borgen. Doch bevor er klingelt, beschleichen den Mann Zweifel: Was, wenn der Nachbar ihm keinen geben möchte? Was, wenn er es als unangemessen betrachtet? War er nicht neulich schon so unfreundlich? Der Mann steigert sich in seinem inneren Dialog so lange in die Sache hinein, bis er beim Nachbarn klingelt und diesen anschreit, er solle doch seinen Hammer behalten, der Rüpel. Zurück bleibt ein fassungsloser Nachbar, der gar nicht weiß wie ihm geschieht. Paul Watzlawik (2008): Anleitung zum Unglücklichsein. 12. Aufl., München: Piper.

[5] Die begrenzte Informationsverarbeitung des menschlichen Gehirns lässt sich im Übrigen sogar an den Pupillen beobachten, die sich verengen, wenn wir etwas Unangenehmes sehen.

[6] Den Film und weitere Informationen finden Sie unter http://theinvisiblegorilla.com/gorilla_experiment.html (Stand 9.3.2018).

[7] Die Ausführungen dieses Kapitels basieren auf den Arbeiten von Richard Bents und Reiner Blank (2005): Typisch Mensch. Einführung in die Typentheorie. 3. Aufl., Göttingen: Beltz Test GmbH sowie Reiner Blank und Richard Bents (2011): Sich und andere verstehen. Eine dynamische Persönlichkeitstypologie. München: Claudius.
Blank und Bents arbeiten mit dem sogenannten Golden Profiler of Personality. Er ist eine Weiterentwicklung des Myers-Briggs-Typenindikators, ergänzt durch die Funktion, wie die einzelnen Typen unter Stress reagieren.

[8] Richard Bents und Reiner Blank (2005): Typisch Mensch. Einführung in die Typentheorie. 3. Aufl., Göttingen: Beltz Test GmbH.

[9] Zusätzlich zur dominanten Funktion gibt es die sekundäre und die tertiäre Funktion. Die sekundäre Funktion unterstützt die dominante und ergänzt sie. Die tertiäre Funktion ist entwicklungsfähig und kann sich insbesondere über die Lebensjahre hin stärker entwickeln. Sie unterstützt die erste und zweite Funktion.

[10] Reiner Blank und Richard Bents (2011): Sich und andere verstehen. Eine dynamische Persönlichkeitstypologie. München: Claudius.

[11] Killen Damian und Dancia Murphy (2003): Introduction to type and conflict. Cpp: Mountain View. www.cpp.com

[12] In der Logik des MBTI entscheidet die Neigung zur Extroversion oder Introversion mit darüber, welcher Aspekt der Persönlichkeit die dominante Seite ist.

[13] Die Maslow'sche Bedürfnispyramide (welche erst später entstand) basiert darauf, dass ein Bedürfnis befriedigt sein muss, bevor die nächste Bedürfniskategorie motivierend wirken kann. Tatsächlich hat Maslow die strikt hierarchische Anordnung eher kritisch gesehen: „If one need is satisfied, then another emerges. This statement might give the false impression that a need must be satisfied 100 per cent before the next need emerges." Abraham Maslow (1943): A Theory of Human Motivation. Psychological Review. Vol. 50 (4), S. 370–396.

[14] Ein Beispiel für die Vielschichtigkeit von Themen ist die Situation, in welcher der Job auf dem Spiel steht. Menschen fühlen sich dann schnell in ihren Grundbedürfnissen bedroht. Meistens sind diese Grundbedürfnisse in unserer Gesellschaft allerdings erfüllt. Wir haben (fast alle) ein Dach über dem Kopf, leiden nicht Hunger und Durst, haben ausreichend Kleidung, und ein soziales System, das uns in unseren elementaren Überlebensbedürfnissen auffängt. Die Angst wurzelt (zumindest in unseren Breitengraden) weniger in der Sorge um das physische Überleben als um einen sozialen Abstieg.

[15] Sarah Brosnan und Frans van de Waal (2014): Evolution of responses to (un)fairness. Science 17: Vol. 346, no. 6207. Den Film zum Experiment gibt es unter https://www.youtube.com/watch?v=meiU6TxysCg. (Stand 9.3.2018).

[16] W. Gaissmaier und G. Gigerenzer (2012): 9/11, act II: A fine-grained analysis of regional variations in traffic fatalities in the aftermath of the terrorist attacks. Psychological Science, Vol. 23, S. 1449–1454.

[17] Daniel Kahneman (2012): Schnelles Denken, langsames Denken. München: Siedler.

[18] Colin F. Camerer (1997): Taxi Drivers and Beauty Contests. Engineering & Science Vol. 1., S.10–19.

[19] Der Managementberater und frühere Geiselunterhändler George Kohlrieser ist davon überzeugt, dass Verluste die Wurzel eines jeden

Konflikts sind: „Wenn wir verstehen", so sagt er, „wie Menschen mit Verlusten umgehen, dann verstehen wir auch die Ursprünge, weshalb Konflikte eskalieren und wie sie gelöst werden können." George Kohlrieser (2008): Gefangen am runden Tisch. Wiley-VCH.

[20] Kenneth W. Thomas (2002): Introduction to conflict management. Cpp: Mountain View, California. A

[21] Abbildung 1 ist ebenfalls aus Kenneth W. Thomas (2002).

[22] Conflict workshop facilitator`s guide for the Thomas-Kilmann Conflict Mode Instrument. Cpp: Mountain View, California, www.cpp.com.

[23] Daniel Goleman (1996): Emotionale Intelligenz. München: Hanser.

[24] William Ury (2015): Getting to Yes with yourself and other worthy opponents. New York: HarperCollins Publishers Inc.

[25] Bei komplexen Entscheidungen kann der Bauch in der Tat die besseren Ergebnisse bringen, nämlich dann, wenn Intuition gefragt ist, weil rasche Entscheidungen getroffen werden müssen (Bsp.: Piloten in Notsituationen, Chirurgen, Kinderkrankenschwestern). Allerdings basiert die Intuition dann auf viel Erfahrung und wird zum Teil aktiv trainiert. Daniel Kahneman und Gary Klein (2009): Conditions for Intuitive Expertise, in: American Psychologist, Vol 64(6), S. 515–526.

[26] Mark Goulston (2010): Just listen – Discover the Secret of Getting Through to Absolutely Anyone. New York: Amacom.

[27] Gerald Hüther (2011): Biologie der Angst. Wie aus Stress Gefühle werden. 10. Auflage, Göttingen: Vandenhoeck & Ruprecht.

[28] Dieses wunderbare Bild des „emotionalen Ausatmens" und die Idee zum Beispiel findet sich ebenfalls in dem Buch von Mark Goulston (2010): Just listen – Discover the Secret of Getting Trough to Absolutely Anyone. New York: Amacom.

[29] Hans Henrik Sievertsen, Francesca Gino und Marco Piovesan (2016): Cognitive fatigue influences students' performance on standardized

tests. Proceedings of the National Academy of Science, Vol. 113(10), S. 2621–2624, 2016.

[30] Daniel Kahneman (2014): Schnelles Denken, langsames Denken. München: Siedler.

[31] Eberhard G. Fehlau und Christian Stock (2012): Konfliktmanagement. Von Streit bis Mobbing. Freiburg: Haufe-Lexware.

[32] Siehe hierzu: Tammy Lenski (2014): The Conflict Pivot. Turning Conflict into Peace of Mind. MyriaccordMedia, sowie Roger Fisher und Daniel Shapiro (2005): Beyond Reason: Using Emotions as You Negotiate. Viking/Penguin.

[33] Das Beispiel ist angelehnt an den Artikel von Margarete Hucht: Knatsch im Job. Was hat dich bloß so ruiniert? http://www.spiegel.de/karriere/berufsleben/knatsch-im-job-wie-sich-arbeitskonflikte-loesen-lassen-a-825328.html. (Stand 9.3.2018).

[34] Friedrich Glasl (2009): Konfliktmanagement. Ein Handbuch für Führungskräfte, Beraterinnen und Berater. 9. Auflage, Bern: Haupt.

[35] Der Film „Der Rosenkrieg" beschreibt spannend und beklemmend eine solche Eskalation. Das Ehepaar Oliver und Barbara Rose hat Ehekonflikte, die sich in die gegenseitige Abneigung des Ehepaares steigert. Barbara Rose wünscht die Scheidung, eine gütliche Einigung über das gemeinsame Haus schlägt jedoch fehl. Der Streit um das Haus eskaliert mit absurden Handlungen. Barbara Rose zerstört mit dem Golfschläger den Sportwagen ihres Gatten und Oliver Rose überfährt absichtlich ihren Hund. Am Ende stürzen Barbara und Oliver Rose im Kampf mit dem Kronleuchter ab und liegen sterbend in der Eingangshalle. Noch im Moment des Todes stößt Barbara die ausgestreckte Hand ihres Ehemannes weg.

[36] George Kohlrieser (2008): Gefangen am runden Tisch. Wiley-VCH.

[37] Tammy Lenski (2014): The Conflict Pivot. Turning Conflict into Peace of Mind. MyriaccordMedia. Eigene Übersetzung aus dem Amerikanischen.

[38] Kenneth W. Thomas (2002): Introduction to Conflict Management. Improving Performance using the TKI. Mountain View, CA: CPP.

[39] Irene Becker (2005): Everybody's Darling, everybody's Depp. Tappen Sie nicht in die Harmoniefalle. Frankfurt, New York: Campus.

[40] Vgl. zum vorliegenden Teil: Klaus Doppler, Hellmuth Fuhrmann u.a. (2014): Unternehmenswandel gegen Widerstände, 3. Auflage, Frankfurt, New York: Campus.

[41] Roger Fisher, William Ury und Bruce Patton (2013): Das Harvard-Konzept. Der Klassiker der Verhandlungstechnik. 24. Auflage, Frankfurt, New York: Campus.

[42] Steve de Shazer (2015): Der Dreh. Überraschende Wendungen und Lösungen in der Kurzzeittherapie. 13. Auflage, Heidelberg: Carl Auer.

[43] William Ury (2015): Getting to Yes with yourself and other worthy opponents. New York: HarperCollins Publishers Inc.

[44] Der Begriff des Gruppendenkens (englisch: Groupthink) wurde von dem Psychologen Irving Janis beschrieben. Irving Janis (1972): Victims of Groupthink: A Psychological Study of Foreign-Policy Decisions and Fiascoes. Boston: Houghton Mifflin. „Gruppendenken" beschreibt die Tendenz einiger Gruppen, Konflikte zu minimieren und Konsens zu erzielen, ohne diese Ideen ausreichend zu analysieren und zu evaluieren. Der Druck nach Konformität beschränkt das Denken der Gruppe, führt zu einseitigen Analysen und fördert einfaches, stereotypes und unter Umständen auch moralisch verwerfliches Denken.

[45] Entnommen habe ich dieses (abgeänderte) Beispiel dem Buch der amerikanischen Verhandlungsexpertin Leigh Thompson (2015): The Truth about Negotiations. 4. Auflage, Upper Saddle River, New Jersey: Pearson Education LTD.

[46] Das Ultimatumspiel wurde erstmals von Werner Güth et al. experimentell umgesetzt. Werner Güth, Rolf Schmittberger und Bernd Schwarze (1982): An experimental analysis of ultimatum bargaining. Journal of Economic Behavior & Organization, Vol. 3 No.4, S. 367–388.

[47] http://www.zeit.de/2000/23/Der_Mensch_kein_Egoist/ (Stand 9.3.2018).

[48] Beim klassischen Kompromiss einigt man sich jedoch nur dann in der effektiven Mitte, wenn man nicht einem Trick seines Gegenübers aufsitzt. So sind orientalische Händler wie auch Straßenhändler Experten darin, einen viel zu hohen Preis als Einstiegssumme zu fordern. Wenn etwas z. B. 25.– wert ist, der Händler als Einstiegssumme 100.– fordert, Sie 50.– sagen und man sich hinterher bei 75.– einigt, haben Sie immer noch viel zu viel bezahlt.

[49] Die Interessen hinter den Positionen zu erkunden ist der Kern des Harvard-Konzeptes und wird ausführlich dargestellt in: Roger Fisher, William Ury und Bruce Patton (2013): Das Harvard-Konzept. Der Klassiker der Verhandlungstechnik. 24. Auflage, Frankfurt, New York: Campus-Verlag. Vgl. auch Raymond Saner (2008): Verhandlungstechnik, 2. Auflage, Bern: Haupt.

[50] Kenneth W. Thomas, Gail Fann Thomas, Nancy Schaubhut (2008): Conflict styles of men and women at six organization levels. International Journal of Conflict Management, Vol. 19 No 2, S.148–166.

[51] Training Women to be Leaders. Negotiating Skills for Success. Program on Negotiation Special Report, Harvard University 2012, www.pon.harvard.edu.

[52] Saner, Raymond (2008): Verhandlungstechnik. 2. Auflage, Bern: Haupt Verlag.

[53] Die folgenden Abschnitte basieren auf dem Konzept der gewaltfreien Kommunikation nach Marshall Rosenberg und dem Kommunika-

tionsquadrat von Friedemann Schulz von Thun. Die beiden Ansätze sind ähnlich. Rosenberg vermittelt jedoch einen normativen Gesprächsstil, während die Modelle von Schulz von Thun eher Hilfsmittel und Werkzeuge sind, um eine konkrete Aussage zu verstehen und die richtigen Worte zu finden. Siehe zu den Gemeinsamkeiten der beiden Ansätze: Larissa Stierlin Doctor: Vom Umgang mit dem Stein des Anstoßes. Kommunikation & Seminar, 19. Jahrgang, 2010, S. 14–18.

[54] Marshall B. Rosenberg (2009): Gewaltfreie Kommunikation. Eine Sprache des Lebens. Paderborn: Junfermann.

[55] Der Begriff der Ich-Botschaften stammt ursprünglich von dem amerikanischen Psychologen Thomas Gordon. Eine Ich-Botschaft hat drei Komponenten: Eine wertfreie Beschreibung des Verhaltens, eine Beschreibung des dadurch ausgelösten unerwünschten Effektes und eine Beschreibung der damit verbundenen Gefühle: „Wenn Sie so laut telefonieren, kann ich mich nicht konzentrieren, und das ärgert mich." Die wertneutrale Beschreibung und die Selbstoffenbarung findet sich auch bei Friedemann Schulz von Thun sowie bei Marshall Rosenberg.

[56] Friedemann Schulz von Thun (2010): Miteinander reden 1: Störungen und Klärungen: Allgemeine Psychologie der Kommunikation. 48. Auflage, Rowohlt Taschenbuch Verlag.

[57] Raymond Saner (2008): Verhandlungstechnik, 2. Auflage Bern: Haupt.

[58] Rizzolatti, Giacomo und Sinigaglia, Corrado (2008): Empathie und Spiegelneurone: Die biologische Basis des Mitgefühls. Frankfurt a.M.: Suhrkamp.

[59] C. Lamm und J. Majdandžić (2015): The role of shared neural activations, mirror neurons, and morality in empathy – A critical comment. Neuroscience research. Band 90C, S. 15–24.

[60] Marie Dasborough von der Harvard Business School untersuchte die Wirkung unterschiedlicher Arten von Feedback auf die Gefühlslage. Eine Gruppe erhielt für ihre Leistungen negatives Feedback, das je-

doch von positiven Signalen wie Nicken und Lächeln begleitet wurde. Die andere Gruppe erhielt zwar ein positives Feedback, das jedoch kritisch mit Stirnrunzeln und zusammengekniffenen Augen übermittelt wurde. Anschließend befragte Dasborough beide Gruppen nach ihrem Befinden. Jene die ein positives Feedback verbunden mit negativen Signalen erhalten hatten, fühlten sich schlechter in Bezug auf ihre Leistung als jene, die zwar kritisiert worden waren, jedoch in einer positiven Art und Weise. Wie die Nachricht überbracht wurde, war für das Wohlbefinden somit wichtiger als der Inhalt selbst. Daniel Goleman and Richard E. Boyatzis (2008): Social Intelligence and the Biology of Leadership, Harvard Business Review, Vol. 86/9, S. 74–81.

[61] Mark Goulston (2010): Just listen – Discover the Secret of Getting Through to Absolutely Anyone. New York: Amacom.

[62] Das Beispiel ist angelehnt an den Artikel von Andreas Patrzek: Elegante Verteidigung – Wie Sie mit der richtigen Gegenfrage in Diskussionen auftrumpfen. http://www.focus.de/wissen/experten/andreas_patrzek/wie-bitte-wie-bitte_id_4382450.html (Stand 9.3.2018).

[63] Dieser sehr treffende Begriff sowie das nachfolgende (leicht abgeänderte) Beispiel stammt aus dem Buch von Albert Thiele (2007): Argumentieren unter Stress. Wie man unfaire Angriffe erfolgreich abwehrt. München: dtv.

[64] Steve de Shazer (2015): Der Dreh. Überraschende Wendungen und Lösungen in der Kurzzeittherapie. 13. Auflage, Heidelberg: Carl Auer.

[65] Mark Goulston (2010): Just listen – Discover the Secret of Getting Through to Absolutely Anyone. New York: Amacom.

[66] In einem brasilianischen Reitclub musste der Schreiner das Geländer erhöhen, weil nordamerikanische und nordeuropäische Gäste mehrfach rücklings über das Geländer gefallen waren. Ihre brasilianischen Reitfreunde hatten sich ihnen um mehr als die berühmte Armlänge

genähert und die Gäste waren immer weiter zurückgewichen.
http://www.focus.de/finanzen/karriere/management/koerpersprache/
koerpersprache/distanzzonen_aid_5455.html (Stand 9.3.2018).

[67] Wissenschaftler testeten die Wirkung des „Böser-Bulle-guter-Bulle-Verhaltens" auf der Straße. Einige Forscher warteten, bis eine Person unachtsam die Straße überquerte und pfiffen dann laut mit der Polizeipfeife. Dies erschreckte die Person und ließ sie herumfahren, in der Erwartung, nun von der Polizei für Ihr Verhalten getadelt zu werden. Sobald sie sahen, dass die Pfiffe von einem Zivilisten stammten, setzten sie ihren Weg fort.
Allerdings blockierten wenig später Fundraiser ihren Weg. Sie hatten eine Sammelbox und baten um Geld mit einer der drei Ansagen: a) Entschuldigung, würden Sie mir Geld geben? b) Wir sammeln Geld, würden Sie uns bitte etwas geben, weil wir so viel wie möglich sammeln müssen? c) Wir sammeln Geld für ein Ferienlager für geistig behinderte Kinder. Nur die letzte Frage enthielt einen klaren Verwendungszweck. Jene Menschen, die ohne Unterbrechung die Straße überquert hatten, gaben auch nur bei Frage 3 Geld. Die anderen, die zunächst durch die Polizeipfeife aufgeschreckt worden waren, und nach diesem Schrecken Erleichterung verspürten, gaben zum Teil Geld, ohne zu wissen wofür gesammelt wurde.
Ariusz Dolinski et al. (2002): Fear-then-relief, mindlessness, and cognitive deficit. European Journal of Social Psychology, Vol. 32, S. 435–447.

[68] Der ehemalige Geiselunterhändler George Kohlrieser beschreibt eindrücklich, wie Menschen nach negativen Erfahrungen zu Geiseln eines Konfliktes werden und ihrerseits mit Gewalt reagieren. George Kohlrieser (2008): Gefangen am runden Tisch. Wiley-VCH.

[69] Martin E. P. Seligman (1979): Erlernte Hilflosigkeit. München, Wien, Baltimore: Urban und Schwarzenberg.

[70] Adaptiert von einer Geschichte des buddhistischen Reformers Hara Tanzan (1819–1892). Siehe Paul Reps (2010): Ohne Worte – ohne Schweigen. 101 Zen Geschichten und andere Zen-Texte aus vier Jahrtausenden. München: Droemer Knaur.

[71] Nelson Mandela (1994): Der lange Weg zur Freiheit. Frankfurt am Main: S. Fischer.

[72] Der Börsenhändler Nassim Taleb beschreibt in seinem Buch „Der schwarze Schwan" unkalkulierbare, unerwartete Ereignisse, die weitreichende Folgen haben. Immer wieder passieren Ereignisse, die niemand vorhersehen konnte, auch wenn wir im Nachhinein versuchen, sie zu erklären. Taleb weist in diesem Zusammenhang auf die Unzuverlässigkeit von Prognosen hin. Aber auch die Erwartungen, welche wir aufgrund unserer Erfahrungen an die Welt haben, werden immer wieder von unwahrscheinlichen Ereignissen (sogenannten „schwarzen Schwänen") in ihren Grundfesten erschüttert. Nassim Nicholas Taleb (2015): Der schwarze Schwan. Die Macht höchst unwahrscheinlicher Ereignisse. München: Albrecht Klaus.

[73] Das Konzept der Kontrollfragen entstammt dem Buch von W. Timothy Gallwey, Edward S. Hanzelik und John Horton (2009): The inner game of stress. New York: Random House.

[74] Eckhart Tolle (2010): Jetzt! Die Kraft der Gegenwart. Ein Leitfaden zum spirituellen Erwachen. Bielefeld: Kamphausen.

[75] Bei dem Beispiel habe ich mich inspirieren lassen von dem Beitrag von Beate Reinhart: „Wenn zwei sich streiten, vermittelt der Mediator". https://www.ihk-nuernberg.de/de/IHK-Magazin-WiM/WiM-Archiv/WIM-Daten/2010-02/Berichte-und-Analysen/Wenn-zwei-sich-streiten-vermittelt-der-Mediator (Stand 9.3.2018).

[76] Die Prävalenz von Persönlichkeitsstörungen ist allerdings nur begrenzt erforscht. In Deutschland wurde hierzu erst eine einzige epidemiologische Studie durchgeführt (AWMF Leitlinie Psychiatrie: Per-

sönlichkeitsstörungen: https://web.archive.org/web/20130123230146/ http://www.awmf.org/uploads/tx_szleitlinien/038-015l_S2_ Persoenlichkeitsstörung_2011-09_01.pdf. (Stand 9.3.2018).

[77] David G. Myers (2008): Psychologie. 2. erweiterte und aktualisierte Auflage, Heidelberg: Springer Medizin Verlag.

[78] Früher als „Hysterie" bezeichnet. Menschen mit einer histrionischen Persönlichkeitsstörung sind übertrieben emotional und haben ein übermäßiges Bedürfnis nach Aufmerksamkeit und Anerkennung. Ihre Gefühlslage kann spontan wechseln und die Frustrationstoleranz ist tief.

[79] https://de.wikipedia.org/wiki/Narzisstische_Persönlichkeitsstörung# Verbreitung (Stand 9.3.2018).

[80] Borwin Bandelow (2006): Celebrities. Vom schwierigen Glück, berühmt zu sein. 2. Auflage, Reinbeck: Rowohlt.

[81] „... that Jobs met criteria for a Narcissistic Personality Disorder (NPD). He was preoccupied with his sense of importance and his brilliance, he consistently damaged others by exploiting and bullying them and could be completely unempathetic to their feelings, he was envious of other's attention, he was arrogant and haughty, and he was controlling and manipulative." https://www.psychologytoday.com/blog/theory-knowledge/201201/was-steve-jobs-narcissism-justified (Stand 9.3.2018).

[82] Der Spielfilm „A Beautiful Mind" zeigt die Genialität und Schizophrenie von Jon Nash auf eindrückliche Art und Weise.

[83] Kevin Dutton (2013): Psychopathen: Was man von Heiligen, Anwälten und Serienmördern lernen kann. München: dtv.
Kerstin Bund und Marcus Rohwolle: Irre erfolgreich: Wahnsinns-Typen. Die Zeit Nr. 34/2013.

[84] Der Einfluss narzisstischer CEOs auf das Adaptionsverhalten etablierter Unternehmen: Schriftenreihe des Instituts für Unternehmungsplanung (IUP) Band 52 Taschenbuch – 18. Oktober 2011.

[85] Steve Becker (2015): The Inner World of the Psychopath: A definitive primer on the psychopathic personality. CreateSpace Independent Publishing Platform.

[86] Robert D. Hare und Craig S. Neumann (2008): Psychopathy as a Clinical and Empirical Construct. Annual Review of Clinical Psychology Vol. 4, S. 217–246.

[87] Kevin Dutton (2013): Psychopathen: Was man von Heiligen, Anwälten und Serienmördern lernen kann. München: dtv.

[88] Mark Goulston (2010): Just listen – Discover the Secret of Getting Through to Absolutely Anyone. New York: Amacom.

[89] Das Beispiel ist angepasst folgendem Artikel entnommen: Elsbeth Tobler: „Mobbing: Den Weg aus der Falle suchen". https://www.nzz.ch/wirtschaft/unternehmen/mensch-und-arbeit-in-der-mobbingfalle-ld.5168 (Stand 9.3.2018).

[90] Die Zahlen sowie detaillierte Ausführungen zum Thema Mobbing finden Sie in folgender Broschüre: Bundesanstalt für Arbeitsschutz und Arbeitsmedizin: Wenn aus Kollegen Feinde werden. Der Ratgeber zum Umgang mit Mobbing. 6. korrigierte Auflage, Oktober 2011.

[91] https://www.hrtoday.ch/article/bossing-mobbing-vom-chefsessel (Stand 9.3.2018).

Zeitfracht Medien GmbH
Ferdinand-Jühlke-Straße 7
99095 Erfurt, Deutschland
produktsicherheit@kolibri360.de